제2판

한눈에 들어오는

남북 생활용어 1

제2판

한눈에 들어오는
남북 생활용어 1

겨레말큰사전남북공동편찬사업회

맵씨터

제2판

한눈에 들어오는

남북 생활용어 1

1판1쇄 발행 2017년 6월 30일
2판1쇄 발행 2020년 10월 20일

지 은 이 겨레말큰사전남북공동편찬사업회
펴 낸 이 김 정 희
펴 낸 곳 맵씨터
등 록 제2002-000026호
주 소 서울특별시 성동구 광나루로 130 서울숲 IT캐슬 1310호
전 화 02-464-7708
팩 스 02-499-0846
이 메 일 hkm7708@hanmail.net
홈페이지 http://hph.co.kr

ISBN 979-11-85923-28-4 14710
979-11-85923-29-1 (세트)

이 도서의 국립중앙도서관 출판예정도서목록(CIP)은 서지정보유통지원시스템 홈페이지(http://seoji.nl.go.kr)와 국가자료종합목록 구축시스템(http://kolis-net.nl.go.kr)에서 이용하실 수 있습니다. (CIP제어번호 : CIP2020041474)

머·리·말

남북으로 분단된 지 70년을 넘어섰고 양측의 긴장감은 아직도 팽팽하지만, 우리는 남북 통합을 내다보며 사회생활의 기반을 이루는 언어문화의 통합을 실천해 나가야 합니다. 언어 통합을 위해서는 현실의 언어와 규범을 조율하는 절차가 필요합니다. 남과 북은 표준어의 근간이 되는 지역이 달라서 남측 표준어와 북측 문화어가 다르게 느껴집니다. 거기에 국어 순화와 말다듬기가 달리 진행된 것도 서로를 낯설게 하는 데 한몫을 하였습니다.

그러나 남과 북의 언어 대중이 상대의 언어를 미리 접하고 이해하려는 노력을 한다면 경험 부족으로 갖게 되는 낯섦에서 벗어나 서로에 대해 익숙해질 것입니다. 학생들은 학교에서, 사회인들은 매체를 통해 상대방의 언어를 접하면서 남과 북이 서로를 알아 가는 상호 문화적인 자세를 기르는 것이 중요합니다. 이러한 활동에 본 자료집이 의미 있는 역할을 해 주기 바랍니다.

이 책은 남측 기초생활 용어를 기준으로 북측 언어를 규범어 위주로 대조한 자료집입니다. 따라서 주로 북측 사람이 남측 표준어를 이해하거나, 더러는 남측 사람이 북측 문화어를 표현하는 데 도움이 됩니다. 남북 사이에 서로 다른 용어들을 중심으로 대조하였으므로 남측에만 있거나 뜻, 쓰임, 형태 등에서 차이 나는 것들을 제시하였습니다. 그러므로 이 책을 쭉 살펴보면 일상에서 마주칠 수 있는 서로의 색다름을 알게 될 것입니다.

사실 남북의 언어는 닮은 데가 더 많습니다. 차이 나는 말들 위주로 정리한 이 자료집에서도 언어 현실대로 그 같음이 드러납니다. 남측의 <아이스크림>이 북측의 <얼음보숭이>라고 밝혔던 자료들은 남북의 언어가 다르다는 편견을 갖게 하는 데 영향을 미쳤습니다. 그러나 여기에서는 남북이 함께 쓰는 <아이스크림>과 북측의 <에스키모> 등을 함께 보임으로써 같음과 다름의 언어 현실을 새롭게 정리합니다.

예전의 작업들을 보완하고자 했다는 것은 다른 한편으로 그것들에 많은 점을 기대고 있다는 뜻도 됩니다. 이 책을 만드는 첫 과정에 우리는 기존 성과물에 제시된 용어와 대응 쌍들을 모으는 작업부터 시작하였습니다. 또한, 선정된 용어들을 학습하기 쉽게 구체적인 생활 장면으로 분류하는 것도 앞선 연구들에서 이미 시도된 것입니다. 이러한 작업에 특히 권순희 외 (2014), 한용운 외 (2015), 李行健 外 (2014) 등이 큰 도움이 되었습니다.

용어 대조 작업은 양측의 연구자가 한자리에 모여 각 대응 쌍에 대해 일일이 토론을 해야만 마무리 지을 수 있습니다. 그러나 겨레말큰사전 남북 공동 편찬회의가 중단된 지금은 중간 결과물을 내놓을 수밖에 없었습니다. 북측 연구자들을 다시 만나게 되면 이 자료집에 대한 검증을 의뢰할 것입니다. 이와 더불어 북-남 방향의 작업을 수행하여 공통의 기초생활 용어를 구성해 나가는 데 기반이 되고자 합니다. 다시 말해 이 책은 디딤돌의 뜻을 갖는바, 최종 결과물은 ≪겨레말큰사전≫이 완성될 때 온전한 모습으로 선보일 것을 약속드립니다.

2017. 6. 30.

겨레말큰사전공동편찬위원회 남측편찬위원장 홍 종 선

일·러·두·기

1. 제작 목적

이 책은 남측 기초생활 용어를 중심으로 북측 용어를 대조한 자료집이다. 따라서 주로 북측 사람이 남측 말을 이해하거나, 더러는 남측 사람이 북측 말을 표현하는 데 도움이 될 것이다.

2. 사용 방법

(1) 찾아보기에서 원하는 용어를 찾아 쪽수를 확인한다.
(2) 해당 쪽에서 남과 북의 용어와 설명을 읽는다.
(3) 아래위로 제시된 관련 용어를 함께 익힌다.

3. 표기 원칙

(1) 같거나 비슷한 말은 빗금 (/)으로 구분하여 보였다. (예) 주민 센터 / 동사무소
(2) 같거나 비슷한 말 가운데 더 중요한 것을 앞에 보였다. (예) 대만 / 타이완
(3) 생략이 가능한 부분은 소괄호 안에 보였다. (예) 운전면허 (증)
(4) 숫자나 줄어든 외래어는 소괄호 안에 보였다. (예) 일 (1)루, 이엠에스 (EMS)
(5) 특별히 주목할 만한 차이가 있으면 별표 (*)를 붙였다. (예) *소행, *오징어 | *낙지
(6) 남측 용어에 대한 설명 앞에는 남을, 북측 용어에 대한 설명 앞에는 북을 붙였다.
(7) 남측 용어의 표기는 남측 어문 규범에 따랐다.

4. 제작 과정

(1) 남북 어휘 대조 관련 성과물들에 제시된 용어들을 모았다.

(2) 빈도 정보 등을 하나하나 참조하여 일상용어를 선정하였다.*

(3) 남북의 차이가 있는 용어를 중심으로 대조하되 필요에 따라 공통적인 것도 올렸다.

(4) 선정된 용어들을 구체적인 생활 장면이나 의미 영역으로 분류하였다.

(5) 문화어** 모어 화자들의 검토를 받았다.

5. 수정 건의

용어 대조 작업은 양측의 연구자가 한자리에 모여 각 대응 쌍에 대해 일일이 토론을 해야만 마무리 지을 수 있다. 그러나 겨레말큰사전 남북 공동 편찬 회의가 중단된 지금은 남측만의 작업을 거친 중간 결과물을 내놓을 수밖에 없었다. 이 책에서 고쳐야 할 점이나 기타 의견이 있을 때는 전자 우편으로 제보해 주기 바란다. (gyeoremal@gyeoremal.or.kr)

* 일상적이더라도 두음법칙이나 사이시옷같이 규칙적인 차이만 나는 것은 되도록 선정하지 않았다.
** 평양말을 중심으로 한 북측의 표준어를 가리킨다.

참·고·문·헌

큰사전

국립국어원 (1999/2008), 표준 국어 대사전, 두산동아.

사회과학원 언어학연구소 (1992/2006), 조선말대사전, 사회과학출판사.

올림말 선정 참고 문헌

김광해 (2003), 등급별 국어 교육용 어휘, 박이정.

서상규 (2015), 한국어 구어 빈도 사전, 한국문화사.

문영호 외 (1993), 조선어빈도수사전, 과학백과사전출판사.

사회과학원 언어학연구소 (2004/2010), 조선말사전, 과학백과사전출판사.

올림말 대조 참고 문헌

권순희 외 (2014), 통일 시대를 여는 생활 필수 어휘, 국립국어원.

한용운 외 (2015), 남북 사전의 올림말 비교, 겨레말큰사전남북공동편찬사업회.

李行健 外 (2014), 两岸生活常用词汇对照手册, 两岸合编 中华语文词典 大陆编写组.

/ 차 / 례 /

기타

붙임 1. 국가와 수도

붙임 2. 수와 단위

붙임 3. 표기와 문법

행정 입법 사법

행정 구역

한반도

남	북	설명
한반도	조선반도	
삼팔(38)선 / 휴전선 / 군사 분계선	군사분계선 / 삼팔(38)선	

남한과 북한

남	북	설명
대한민국 / 한국 / 남한	남조선	
북한	조선(민주주의인민공화국) / 북조선	
태극기	-	북 인공기

시 행정 구역

남	북	설명
구	구역	남 시 〉 구 〉 동 (크기) 북 시 〉 구역 〉 동 (크기)

군 행정 구역

남	북	설명
*읍	*읍	남 *읍 = 면 〉 리 (등급) 북 *읍 = 리 (등급, 면이 없음)
면	-	
리		

수도

남	북	설명
*특별시	*직할시	남 서울 특별시 (수도) 북 평양 직할시 (수도)
광역시	*특별시	남 광주/대구/대전/부산/울산/인천 광역시 (자치 도시) 북 남포/라선특별시, 개성특급시
	특급시	

특별 행정 구역

남	북	설명
특별자치시	특(별지)구	남 세종 특별 자치시 (정부 직할) 제주 특별 자치도 (자치 단체) 북 신의주 특별행정구 금강산 국제관광특구 개성 공업지구
특별자치도		

» 행정 기관

대통령과 국무총리

남	북	설명
대통령	국무위원장	
국무총리	내각총리	

장관과 차관

남	북	설명
장관	상	남 외교부 장관 북 외무상
차관	부상	남 외교부 차관 북 외무성 부상

도시 지역 관공서

남	북	설명
시청	시인민위원회	
구청	구역인민위원회	
주민 센터 / 동사무소	동사무소	

도시 지역 단체장

남	북	설명
시장	시인민위원회 위원장	
구청장	구역인민위원회 위원장	
동장	동사무장	

도 지역 관공서

남	북	설명
도청	도인민위원회	
군청	군인민위원회	
읍사무소		
면사무소	-	남 면의 행정을 맡아보는 곳

도 지역 단체장

남	북	설명
도지사	도인민위원회 위원장	
군수	군인민위원회 위원장	
읍장	읍사무장	
면장	-	남 면의 행정 책임자
이장	-	남 리의 대표

관공서 업무

관공서

남	북	설명
관공서		남 중앙이나 지방 정부의 행정 기관

증명서

남	북	설명
*주민 등록증	*공민(등록)증	남 만 17세 이상 국민에게 발급 북 17세 이상 공민에게 발급
주민 등록 등본	*주민등록대장	남 주민등록 원본 북 주민등록대장
주민 등록 초본		남 주민등록 원본 중 필요한 부분만 뽑아서 발급받는 서류
가족 관계 등록부		남 가족 관계를 증명하는 서류
등기부 등본	-	남 땅과 건물 주인을 증명하는 서류

신고

남	북	설명
혼인 신고	결혼등록	
전입 신고	거주등록	

복지

남	북	설명
*복지	-	남 *복지 (가난하고 소외된 사람을 돕고 삶의 질을 보장하는 사업) 북 *복지 (행복)
기초 생활 수급자	사회보장자	남 소득이 최저생계비보다 적어서 정부에서 돈을 받는 사람 북 연로, 은퇴, 병, 부상 등으로 일할 수 없어 정부에서 돈을 받는 사람
연금	년(로보장)금 / 정기보조금	

민원

남	북	설명
민원	신소	

» 경찰서 소방서 우체국

경찰 기관 체계

남	북	설명
경찰청	(인민)보안성	남 정부/시/도 북 정부
	(인민)보안국	북 도
경찰서	(인민)보안서	남 군/구 북 시/군/구역

지구대 체계

남	북	설명
지구대	(인민)보안소	남 치안 센터 〈 파출소 〈 지구대
파출소		
치안 센터		

경찰관

남	북	설명
경찰관	(인민)보안원	
교통경찰 / 교통순경	교통보안원	

소방서와 우체국

남	북	설명
소방서	소방대	
우체국	체신소	

소방서

남	북	설명
소방대원 / 소방수	소방대원	
불조심	불조심 / 불엄금	
연기	연기 / 내(굴)	

소방차와 구급차

남	북	설명
소방차		
구급차 / 앰뷸런스 / 응급차	구급차 / 위생차	

우체국

남	북	설명
우체부 / 집배원 / 우편배달부	(우편)통신원 / 우편배달부 / 우편배달원	
우편 번호		우편물 주소 분류에 쓰는 고유 번호
이엠에스(EMS)	-	[남] 안전하게 보내는 해외 우편물
택배	송달(봉사)	[남] 택배 〈 퀵
퀵(서비스)		
착불	-	[남] 물건을 받는 사람이 돈을 내는 것

» 입법 기관

국회

남	북	설명
국회	최고인민회의	
국회 의사당	만수대의사당	
*청문회	-	[남] 국회가 어떤 결정을 내리기 전에 관련된 사람의 의견을 듣는 모임

국회 의원

남	북	설명
국회 의원	최고인민회의 대의원	
비례 대표 / 전국구 의원	-	남 정당 득표율로 뽑힌 국회 의원
지역구 의원	-	남 지역을 대표해 뽑힌 국회 의원

지방 의회

남	북	설명
지방 의회	지방인민회의	
지방 의원	지방인민회의 대의원	

정당

남	북	설명
*정당	*정당	남 정치적 입장이 같은 사람들이 정권을 잡으려고 만든 단체 북 계급 집단을 대표하는 정치 조직
여당	-	남 집권하고 있는 정당
야당	-	남 집권하고 있지 않은 정당
여야	-	남 여당과 야당

» 사법 기관

일반 법원

남	북	설명
법원 / 재판소	재판소	
지방 법원	인민재판소	남 지방 법원 - 고등 법원 - 대법원 (재판받는 순서)
고등 법원	직할시재판소 도재판소	
대법원	중앙재판소	

특별 법원

남	북	설명
가정 법원	-	남 가정, 청소년 사건을 재판하는 곳
군사 법원	군사재판소	
헌법 재판소	-	남 헌법 사건을 재판하는 곳

검찰

남	북	설명
검찰(청)	검찰소	

민사 재판과 형사 재판

남	북	설명
민사 재판		사람들 사이의 분쟁을 재판하는 것
형사 재판		범죄를 재판하는 것

기타 재판

남	북	설명
헌법 재판	-	남 헌법을 어겼는지 재판하는 것
행정 재판	-	남 정부로 인한 문제를 재판하는 것
선거 재판	-	남 선거로 인한 문제를 재판하는 것
특허 재판	-	남 특허/상표권 문제를 재판하는 것
가사 재판	-	남 가정 사건을 재판하는 것

재판 용어

남	북	설명
소장		소송하려고 법원에 내는 서류
공소 시효		사건 발생 후 일정 기간이 지나면 공적으로 처리할 수 없는 것
소환	-	남 재판에 나오라고 명령하는 것

변호사

남	북	설명
국선 변호사	변호사	남 가난한 사람을 위해 나라에서 무료로 선정해 주는 변호사
사선 변호사	-	남 돈을 받고 변호해 주는 변호사

» 범죄와 처벌

성범죄

남	북	설명
성희롱	성추행	남 말과 행동
성추행		남 신체 접촉
성폭행 / 강간 / 겁탈	강간 / 겁탈 / 성폭행	

테러

남	북	설명
테러	테로	
테러리스트 / 테러분자	테로리스트 / 테로분자	

기타 범죄

남	북	설명
불법	비법 / 불법	
*소행	*소행	남 부정적으로만 씀 (범죄자의 소행) 북 긍정적으로도 씀 (아름다운 소행)
*방조	*방조	남 부정적으로만 씀 (범죄를 돕다) 북 긍정적으로도 씀 (도와주다)
횡령	탐오랑비 / 횡령	

구형

남	북	설명
징역	징역 / 교화	
집행 유예		형벌을 미루고 정해진 기간 동안 죄를 더 짓지 않으면 처벌하지 않는 것

돈을 물게 하는 처벌

남	북	설명
추징금	-	남 범죄로 얻은 것을 징수하는 돈
벌(과)금 / 과태료 / 범칙금	벌금	
*딱지	-	남 교통 법규를 어긴 사람에게 주는 벌금 통지서를 속되게 이르는 말 딱지(를) 떼다

형벌 기구

남	북	설명
수갑 / 쇠고랑	쇠고랑 / 수갑	
족쇄 / 쇠고랑	쇠고랑 / 족쇄	
전자 발찌	-	남 성범죄자의 위치를 감시하는 발찌

구금 시설

남	북	설명
구치소		남 구속된 사람을 판결이 내려질 때까지 가두어 두는 곳
교도소	교화소	
소년원	소년교화소	청소년 교도소
독방	독(감)방	
교도관	계호원	

정치와 사회

» 선거

국민과 유권자

남	북	설명
국민	인민	
유권자 / 선거인	선거자 / 유권자	

선거의 네 가지 원칙

남	북	설명
보통 선거	일반선거	성인이면 누구나 투표하는 것
평등 선거		한 사람이 한 표씩 투표하는 것
직접 선거		유권자가 직접 투표하는 것
비밀 선거		투표 내용을 남이 모르게 하는 것

선거 종류

남	북	설명
대선	-	남 대통령 선거
총선	최고인민회의 대의원 선거	남 국회 의원 선거
지방 선거	지방주권기관 대의원 선거	남 자치 단체장, 의원, 교육감 선거

선거 제도

남	북	설명
소선거구제	-	남 지지 국회 의원 후보 1명 투표
비례 대표제	-	남 지지 정당 1개 투표

다시 치르는 선거

남	북	설명
재선거		남 선거 무효 등으로 다시 하는 선거
보궐 선거	-	남 빈 의원직을 채우려고 하는 선거

기표

남	북	설명
*기표	*기표	남 여러 선택항 중 하나 표시 북 찬성과 반대 중 하나 표시

» 사회와 역사

사상

남	북	설명
*민주주의	*민주주의	남 국민이 권력을 행사하는 것 북 사회주의적 민주주의
*자유주의	*자유주의	남 개인의 자유를 존중하는 것 북 개인 마음대로 하는 잘못된 사상

계층

남	북	설명
상류층		남 저소득(계)층 〈 중산층 〈 상류층 (소득과 생활 수준)
중산층		
저소득(계)층	-	
평민	평민 / 평백성	

단체

남	북	설명
*시민(사회)단체	*사회단체	남 *시민(사회)단체 (시민들이 사회를 변화시키려고 스스로 모여 활동하는 단체) 참여연대 경실련 *사회단체 (사회사업 단체) 북 *사회단체 (특정 계급이 자기들의 목적을 이루려고 활동하는 단체)
엔지오(NGO) / 비정부 기구	-	남 구호 등을 위해 민간이 운영하는 사회단체 (월드비전 그린피스)
이익 집단	-	남 특정 이익을 얻으려고 뭉친 집단
자원봉사	-	남 대가 없이 스스로 돕는 활동

캠페인

남	북	설명
캠페인 / 운동	깜빠니야 / 선동사업	
모금	모연금	

데모

남	북	설명
데모 / 시위 / 집회	집회 / 시위 / 데모	
바리케이드	바리케드	

구호

남	북	설명
구호 / 슬로건 / 표어	구호 / 표어 / 슬로간	
외치다	웨치다	
피켓 / 손 팻말	구호판	

반상회

남	북	설명
반	인민반	
반장	인민반장	
반상회	인민반회의	

외교 안보

남	북	설명
수교	수교 / 외교 관계 설정	남 국가 간 수교 북 국가 간 외교 관계 설정
안보	보위	
이산가족	리산가족 / 흩어진 가족 / 헤여진 가족	

역사 용어

남	북	설명
단기 / 단군기원		남 기원전 2,333년 북 기원전 2,993년
삼(3)국	세나라 / 삼(3)국	
*사변	*사변	남 역사적, 부정적 (을미사변) 북 일상적, 긍정적인 경우에도 쓰임 철길 개통은 커다란 사변이였다

» 기념일

특별한 날

남	북	설명
*명절	(민속)*명절	남 명절 (민속 명절) 북 명절 (민속 명절 + 국가적 명절 + 기념일)
*국경일	(국가적)명절	남 *국경일 (법으로 정한 기념일) 북 *국경절 (정권 창건 기념일)
기념일	명절 / 기념일	

쉬는 날

남	북	설명
공휴일	공휴(일)	
휴일	휴(식)일 / 휴식날 / 쉬는날	
연휴	-	남 이틀 이상 계속되는 휴일
바캉스	-	남 여름휴가

설

남	북	설명
설	설(명절)	
신정 / 양력설	양력설 / 신정	
구정 / 음력설	음력설 / 구정	

기타 민속 명절

남	북	설명
(정월)대보름		남 공휴일 아님 북 공휴일
한식		
단오 / 수릿날	수리날 / 단오	
추석 / 한가위		

국경일

남	북	설명
삼일(3.1)절	삼일(3.1) 인민봉기의 날	북 국경일 아님
현충일	-	남 6/6 애국선열 전몰장병 추모
제헌절	헌법절	남 7/17 공휴일 아님 북 12/27 공휴일
광복절	조국해방의 날 / 해방 기념일	
개천절	개천절 / 개천일	북 국경일 아님
한글날	조선글날	남 10/9 훈민정음 반포일 북 1/15 국경일 아님

가족 관련 기념일

남	북	설명
어린이날	국제아동절 / 륙일(6.1)절	남 5/5 공휴일 북 6/1 공휴일 아님
	소년절	북 6/6 소학교 학생 대상
어버이날	어머니날	남 5/8 부모님께 감사하는 날 북 11/16

기타 기념일

남	북	설명
식목일	식수절	남 4/5 북 3/2
노동절	오일(5.1)절	남 공휴일 여부는 직장마다 다름 북 공휴일
스승의 날	교육절	남 5/15 북 9/5

석가탄신일

남	북	설명
초파일 / 석가 탄신일 / 석탄일	(초)파일 / 초파일날 / 사월파일	남 공휴일 북 공휴일 아님

» 군사 계급

장교

남	북	설명
장교	군관	남 위관 + 영관 + 장성 북 위급 + 좌급
장성	장령급	
영관	좌급	
위관	위급	

부사관

남	북	설명
준사관	-	남 준위
부사관	사관	

병사

남	북	설명
병사 / 사병	전사 / 병사	

장성

남	북	설명
원수	(공화국)대원수	남 장성에 속함 북 장령급에 속하지 않음
	(공화국)원수	
	인민군 원수	
	인민군 차수	
대장	대장	
*중장	상장	
*소장	*중장	
준장	*소장	

영관

남	북	설명
대령	대좌	
	상좌	
중령	중좌	
소령	소좌	

위관

남	북	설명
대위	대위	
	상위	
중위	중위	
소위	소위	

부사관

<table>
<tr><th>남</th><th>북</th><th>설명</th></tr>
<tr><td>준위</td><td>-</td><td>남 부사관의 최고 계급</td></tr>
<tr><td>원사</td><td>특무상사</td><td></td></tr>
<tr><td colspan="2">상사</td><td></td></tr>
<tr><td colspan="2">중사</td><td></td></tr>
<tr><td colspan="2">하사</td><td></td></tr>
</table>

병사

남	북	설명
병장	상급병사	
상병	중급병사	
일병	초급병사	
이병	전사	

» 전쟁

총

남	북	설명
소총	보(병)총 / 소총	
조준	묘준 / 조준	

무기

남	북	설명
죽창	죽창 / (참)대창	
다이너마이트	다이나마이트 / 남포	

탱크와 헬리콥터

남	북	설명
탱크 / 전차	땅크 / 전차	
헬기 / 헬리콥터	직승(비행)기 / 헬리콥터	

로켓 미사일

남	북	설명
로켓	로케트	
미사일 / 유도탄	미싸일 / 유도탄	
레이더	레이다(장치)	

전쟁과 용병술

남	북	설명
전장 / 전쟁터	전쟁터 / 전쟁마당	
*용병술	령군술 / *용병술	남 *용병술 (선수를 부리는 기술로도 쓰임)

» 군인과 민간인

군인을 모으는 방법

남	북	설명
징병		남 나라가 강제로 군인을 모으는 것
모병	초모	

직별

남	북	설명
헌병	경무원	
운전병	운전수 / 운전사	
취사병	취사병 / 화식병	

내무반

남	북	설명
내무반	병실 / 군대실	

상이용사

남	북	설명
상이용사	영예군인(전상자)	

민간인

남	북	설명
민간인	사회사람 / 사회인 / 민간인	남 군인이 아닌 사람
사회인		남 사회 활동을 하는 사람

경제생활

은행 업무

은행

남	북	설명
은행	은행	
	저금소	북 은행에 속해 저금 업무를 하는 곳

상품 가입

남	북	설명
*가입	*가입	남 금융 상품을 사는 것으로도 쓰임
연회비	-	남 회원이 일 년에 한 번 내는 돈

현금 업무

남	북	설명
입금		은행에 돈을 넣는 것
인출 / 출금	출금	남 현금 인출
송금 / 이체	송금 / 환치	남 자동 이체

통장 거래

남	북	설명
(예금/저금)통장		예금주의 현금 거래를 기록한 장부
거래 내역	-	남 은행 계좌에 돈이 드나든 기록
잔고 / 잔액	잔고	남 통장 잔고

계좌와 예금주

남	북	설명
계좌 / 구좌	돈자리 / 구좌	
예금주	예금자	

공과금

남	북	설명
공과금		남 국민에게 부과하는 돈이나 세금
청구서 / 고지서	청구서	
지로	-	남 공과금을 계좌로 결제하는 것
연체료		기한에 돈을 내지 못해 더 내는 돈

환전과 통화

남	북	설명
환전	화폐교환	
*원	*원	₩ (남북의 가치가 다름)
달러 / 불	딸라	미국 $ 남 이달러 (읽는 방식) 북 두딸라
위안	위안 / 인민폐	중국 ¥

» 저축과 대출

저축

남	북	설명
예금 / *저축 / 저금	저금 / *저축 / 예금	남 *저축 (은행에 돈을 모으는 것으로도 쓰임)
목돈	뭉치돈 / 목돈	
*만기	*만기	남 계약이 끝나는 것으로도 쓰임

예금의 종류

남	북	설명
보통 예금	보통저금	자유롭게 돈을 넣고 빼는 예금
정기 예금	정기저금	목돈을 약속한 기간 동안 찾지 않고 은행에 맡겨 두는 예금
적금		일정 금액을 일정 기간 동안 내고 목돈으로 찾는 예금 남 은행에 적금을 붓다
펀드	-	남 맡긴 돈으로 은행이 주식 투자를 대신해 주는 상품

과세와 비과세

남	북	설명
일반 과세	-	남 이자에 세금을 부과하는 것
비과세	-	남 이자에 세금을 부과하지 않는 것

원금과 이자

남	북	설명
원금 / 본전		빌리거나 빌려준 돈의 원래 금액
이자 / 금리	리자 / 금리	빌린 대가로 치르는 돈
원리금		원금 + 이자

이율

남	북	설명
이(자)율	리(자)률	원금에 대한 이자의 비율
연리 / 연이율	년리	원금에 대한 1년간 붙는 이자의 비율

대출 관련 용어

남	북	설명
돈놀이 / 대부업	돈장사 / 돈놀이	남 돈을 빌려 주고 이자를 받는 일
신용 불량자	-	남 돈을 못 갚아 금융 거래에 제약을 받는 사람

» 원격 업무

원격 업무의 종류

남	북	설명
텔레뱅킹 / 폰뱅킹	-	남 전화로 은행 일을 보는 것
홈뱅킹 / 인터넷 뱅킹	인터네트은행	남 인터넷으로 은행 일을 보는 것
모바일 뱅킹	-	남 스마트폰으로 은행 일을 보는 것

공인 인증서와 보안 카드

남	북	설명
공인 인증서	-	남 인터넷이나 휴대 전화로 금융 거래 시 신분을 증명하는 파일
보안 카드	-	남 인터넷이나 휴대 전화의 안전한 금융 거래를 위해 필요한 카드

기타

남	북	설명
에이티엠(ATM)(기) / 현금 인출기	-	남 입금, 출금, 송금 등의 간단한 금융 업무를 볼 수 있는 기계
무통장 입금	-	남 통장 없이 현금을 다른 사람이나 단체의 계좌에 입금하는 것

» 보험

사회 보험

남	북	설명
사대 보험 / 사회 보험	사회보험	질병, 재해, 실직, 은퇴 등으로 어려움을 겪는 노동자를 돕는 보험 남 건강 / 산재 / 고용보험, 국민연금
의료 보험 / 건강 보험	의료보조금	남 의료비 지원
산재 보험	로동보험	남 노동 관련 피해 보상
고용 보험	-	남 실직자 지원
국민연금	년로년금	남 경제 활동을 하지 못하게 되었을 때 나라가 정기적으로 주는 돈

개인 보험

남	북	설명
개인 보험	-	남 개인이 따로 드는 보험
*생명 보험	*인체보험	남 죽거나 일정한 나이보다 더 살면 돈을 주는 보험 북 인명 피해를 보상하는 보험
*종신 보험		남 죽으면 돈을 주는 보험
실손 보험	-	남 의료비의 90%까지 지원하는 보험
자동차 보험	-	남 차 사고나 도난 시 보상하는 보험

피보험자

남	북	설명
피보험자		보험 가입자

» 주택과 거주

한옥과 양옥

남	북	설명
한옥	조선(기와)집 / 조선식가옥	
양옥		남 서양식으로 지은 집

일반 주택

남	북	설명
단독 주택	독립가옥 / 독립주택	
다가구 주택	*아빠트	남 주인이 사는 건물에 여러 가구가 세 들어 사는 주택 남 *아파트 (고층의 주택) 북 *아빠트 (2층 이상 높이의 주택)
다세대 주택 / 빌라		남 한 건물에 여러 가구가 집을 사거나 빌려서 사는 주택
연립 주택 / 빌라		남 다세대 주택 〈 연립 주택 (크기)
아파트	아빠트 / 고층살림집 / 고층주택	남 *아파트 (고층의 주택) 북 *아빠트 (2층 이상 높이의 주택)

오피스텔과 원룸

남	북	설명
오피스텔	-	남 사무실 + 주거 기능
원룸	-	남 한 방에 침실과 부엌이 합쳐진 집
쪽방	-	남 방을 여럿으로 나눈, 한두 사람 들어갈 크기의 방 (쪽방촌)

학생들의 거주 방식

남	북	설명
하숙		남 돈을 내고 남의 집에서 자고 먹는 것 (하숙생)
기숙사 / 생활관	기숙사 / 합숙 / 숙소	
고시원	-	남 중요한 시험을 준비하는 사람들이 공부하면서 사는 작은 방

셋방

남	북	설명
셋방	세방	남 돈을 내고 빌려 쓰는 방
셋방살이	-	남 셋방을 빌려서 사는 것

» 부동산 거래

부동산

남	북	설명
*부동산 / 복덕방	*부동산 / 복덕방	남 *부동산 (부동산 중개소로도 쓰임)

거래 방법

남	북	설명
직거래	-	남 중개인 없이 직접 거래하는 것
부동산 중개	-	남 부동산 거래를 중개하는 일
전단(지) / 지라시	-	남 광고용 종이 인쇄물

거래 관계자

남	북	설명
임대인		빌려주는 사람
임차인		빌리는 사람
공인 중개사	-	남 부동산 거래를 중개하는 사람

부동산 거래 유형

남	북	설명
*임대	*임대	남 돈을 내고 집을 빌리는 것으로도 씀
월세 / 사글세	(삭)월세	남 매달 돈을 내고 집을 빌리는 것
반전세	-	남 보증금에 매달 돈을 내고 집을 빌리는 것
전세		남 목돈을 맡기고 집을 오래 빌리는 것

부동산 거래비를 내는 순서

남	북	설명
계약금		남 계약금-중도금-잔금 (지급 순서)
중도금	-	
잔금		

보증과 담보

남	북	설명
전세 보증금	-	남 전세 계약 이행을 약속하며 내는 돈
*담보	*담보	남 갚지 못한 빚을 대신할 돈, 물건 북 목표의 실현을 보장하는 것
근저당	-	남 장래에 생길 채권의 담보를 받을 수 있는 권리를 정하는 것

경제생활

분양과 입주

남	북	설명
*분양	*분양	남 땅이나 건물을 파는 것으로도 씀
입주	입주 / 입사	남 새 집에 들어가는 것 북 정부가 지은 집에 들어가는 것
*집들이	*집들이	남 *집들이 (주로 이사한 후에 지인을 초대하는 것으로 쓰임) 북 *집들이 (새 집에 이사하여 들어가는 것으로도 많이 쓰임)
이삿짐센터	-	남 이사를 전문으로 하는 기업
포장 이사	-	남 이삿짐을 포장하고 나르는 업종

풀 옵션

남	북	설명
풀 옵션	-	남 기본적인 가구와 가전제품이 입주 전에 이미 갖추어져 있는 집

교육

교육 기관

유아 교육 기관

남	북	설명
유아원	-	남 유치원에 들어가기 전의 아이를 돌봐 주는 것
어린이집	탁아소	
놀이방		남 개인이 낮에 아이를 돌봐 주는 곳
유치원		남 7세 이하 북 5세 이하

초/중등 교육 기관

남	북	설명
초등학교	소학교	남 6년 (8-13세) 북 5년 (6-10세)
중학교	초급중학교	남 14-16세 북 11-13세
고등학교	고급중학교	남 17-19세 북 14-16세

대안 학교

남	북	설명
대안 학교	-	남 국가가 정한 교육 과정이 아니라 대안적인 방식으로 가르치는 학교

고등 교육 기관

남	북	설명
대학(교)	대학	
대학원	박사원	

대학교의 종류

남	북	설명
전문대(학교)	전문학교	
대학교	종합대학	

원격 대학

남	북	설명
방송 통신 대학교 / 방통대	통신대학	남 방송으로 수강하는 대학교
사이버 대학교	-	남 인터넷으로 수강하는 대학교

교원 양성 대학

남	북	설명
교육 대학교 / 교대	*교원대학	남 *교원 대학교 (중고등학교 교사 양성, 독립 기관) *사범대학 (중등 교원 양성, 대학교 소속) 북 *교원대학 (유치원 교양원, 소학교 교원 양성) *사범대학 (중등 + 대학 교원 양성, 독립 기관)
*교원 대학교	*사범대학	

경찰 군인 양성 대학

남	북	설명
경찰 대학교	(인민)보안성정치대학	
사관 학교	군관학교	

학교생활

교감

남	북	설명
교장	교장	
교감	부교장	

조회와 종례

남	북	설명
조회	조회 / 아침모임	
종례	총화	

수업

남	북	설명
수업	수업 / 상학	
빼먹다 / 땡땡이치다	뚜꺼먹다	남 수업을 빼먹다 / 땡땡이치다 북 수업을 뚜꺼먹다
*모둠	-	남 효과적인 학습을 위해 학생들을 작게 묶은 모임으로도 쓰임

교육과 상담

남	북	설명
교육	교육 / *교양	북 *교양 (가르치는 것으로도 쓰임)
가르치다	가르치다 / 배워주다	
상담	상담	남 진학 상담

학원 과외

남	북	설명
*학원	-	남 사교육 기관 (입시 전문 학원) 북 영재 교육 기관 (평양 금성학원)
*과외	-	남 작은 규모의 사교육으로도 쓰임 개인 / 그룹 과외
레슨	개별지도	남 주로 개인 음악 교습으로 쓰임 피아노 / 성악 레슨

자율 학습

남	북	설명
야자 / 야간 자율 학습	-	남 수업이 끝나고 밤까지 학교에 남아서 스스로 하는 공부
인강 / 인터넷 강의	-	남 인터넷으로 듣는 강의
학습지	-	남 정기적으로 집에 배달되는 문제지

방과 후

남	북	설명
영재 교육	수재교육	
동아리 / *서클 / 클럽	소조 / *써클	북 *써클 (작은 공연으로도 쓰임)

특별 행사

남	북	설명
소풍	들놀이 / 원족	
견학 / 현장 학습	견학	
수련회	-	남 친목이나 단련을 위해 갖는 모임

개교기념일

남	북	설명
개교기념일		남 쉬거나 축제를 하면서 개교를 기념하는 날

가정통신문

남	북	설명
알림장	-	남 준비물이나 숙제를 기록하는 공책
가정 통신문	-	남 학부모에게 학교 소식을 안내하는 문서
(생활)통지표	성적증	

상

남	북	설명
개근상		빠짐없이 출석한 사람에게 주는 상
우등상	최우등표창	

퇴학과 정학

남	북	설명
퇴학	퇴학 / 출학	
정학		남 학생을 일정 기간 학교에 못 오게 하는 처벌

왕따

남	북	설명
왕따 / 따돌림	몰아주기 / 따돌리기	남 왕따(를) 시키다 / 당하다
외톨이	외토리 / 외톨	

» 준비물

문방구

남	북	설명
*문방구(점)	학용품 매점	남 *문방구 (학용품 파는 가게로도 씀)

학용품

남	북	설명
공책 / 노트	학습장 / 노트	
책받침	책받치개	
필통	필갑	

필기도구

남	북	설명
볼펜	원주필	
샤프	수지연필	
사인펜	-	남 섬유 심에서 나오는 잉크로 쓰는 펜
매직(펜)	마지크	
다스	타(스)	

수학 시간 준비물

남	북	설명
삼각자		
각도기	분도기 / 각도자	
컴퍼스	콤파스	
모눈종이 / 방안지	채눈종이 / 방안지	

그리기 도구

남	북	설명
사비(4B) (연필)	-	남 심이 물러 그림 그릴 때 쓰는 연필
파스텔	그림분필	
포스터컬러	포스터카라 / 선전화색감	
팔레트	조색판 / 갤판	

그림 종이

남	북	설명
도화지	도화지 / 그림종이	
스케치북	도화책	

셀로판지

남	북	설명
셀로판지	빨락종이 / 셀로판종이	

공작용 접착제

남	북	설명
딱풀	-	남 뒤에 달린 나사를 돌려 심을 빼서 쓰는 고체 풀 (상품명)
접착제	접착제 / 붙임풀	
스카치테이프	붙임띠	

조소 재료

남	북	설명
찰흙	찰진흙	
고무찰흙	-	남 합성수지로 만든 여러 색의 찰흙
지점토	-	남 종이와 진흙을 섞은 공예 재료

부는 악기

남	북	설명
리코더	피리	
멜로디언	입풍금	

치는 악기

남	북	설명
실로폰	목금 / 실로폰	
캐스터네츠	카스타네트	
탬버린	탐부린	
트라이앵글	삼각철 / 세모종 / 트라이앙글	

» 수학 용어

사칙 연산

남	북	설명
플러스 / 더하기 / 덧셈	더하기 / 플루스	+
마이너스 / 빼기 / 뺄셈	덜기 / 미누스 / 빼기	-
곱하기 / 곱셈	곱하기	×
나누기 / 나눗셈	나누기	÷

등호와 부등호

남	북	설명
등호	같기표 / 같기기호	=
부등호	안같기기호	> < ≥ ≤

음과 양

남	북	설명
마이너스 / 음	미누스 / 부	-
플러스 / 양	플루스 / 정	+

괄호

남	북	설명
소괄호		( )
*중괄호	*대괄호	{ }
*대괄호	*중괄호	[ ]

정수

남	북	설명
정수	옹근수 / 정수	
양수	정수	
음수	부수	

원소와 집합

남	북	설명
원소	원소	
집합	모임 / 집합	

전체 집합과 부분 집합

남	북	설명
전체 집합	전체모임	모든 것을 원소로 포함하는 집합
부분 집합	부분모임	$A \subset B$

기타 집합

남	북	설명
여집합	잉여모임	A^c
교집합	사귐	$A \cap B$
합집합	합	$A \cup B$
공집합	빈모임	$\varnothing$

좌표

남	북	설명
좌표	자리표 / 좌표	
좌표축	자리표축 / 좌표축	

지수와 루트

남	북	설명
(제곱)지수 / 승	(제곱)지수 / (제곱)어깨수 / 승	a^n
루트 / (제곱)근	(두제곱)뿌리 / 루트	$\sqrt{\ }$

파이

남	북	설명
파이 / 원주율	원주률 / 원둘레률	π

» 음악 용어

계이름

남	북	설명
계이름	음명 / 소리이름	
도 / 시(C) / 다	도	
레 / 디(D) / 라	레	
미 / 이(E) / 마	미	
파 / 에프(F) / 바	화	
솔 / 지(G) / 사	쏠	
라 / 에이(A) / 가	라	
시 / 비(B) / 나	씨	

악보 기호

남	북	설명
음표, 소리표		
높은음자리표	쏠음표 / 고음(부)기호 / 쏠음기호	
낮은음자리표	낮은표 / 화음기호 / 남성저음기호	

선율

남	북	설명
멜로디 / 가락 / 선율	선률 / 멜로디	
하모니	화성 / 하모니	

여성 음역

남	북	설명
소프라노	녀성고음 / 쏘프라노	
메조소프라노	녀성중음 / 메쪼쏘프라노	
알토	녀성저음 / 앨트 / 알토	

남성 음역

남	북	설명
테너	남성고음 / 테노르 / 테너	
바리톤	남성중음 / 바리톤	
베이스	남성저음 / 바스	

동요

남	북	설명
동요	아동가요 / 동요	

» 미술 용어

색과 밝기

남	북	설명
색(깔/상/채) / 컬러 / 빛깔	색(갈/채/상) / 빛갈	
색감	색느낌 / 색감	
명암	명암 / 검밝기	

색 이름

남	북	설명
베이지	-	남 연한 노랑과 회색의 중간색
상아색 / 아이보리	미색 / 닭알색 / 계란색	
*녹색	*풀색 / *록색	남 *풀색 〉 *녹색 (밝기) 북 *풀색 = *록색
국방색 / 카키	보위색 / 국방색	
파스텔 톤	-	남 가볍고 부드러운 느낌의 색

» 대학 입시

평가 요소

남	북	설명
*내신 / 학교 성적	학교 성적	남 *내신 (학교 성적) 북 *내신 (인사, 또는 업무 보고)
(학교)생활 기록부	생활평정서	
수능 / 대학 수학 능력 시험	대학입학예비시험	남 전국적으로 수능을 치르고 대학에서 입학시험을 치름 북 지역에서 예비시험을 치르고 대학에서 본시험을 치름

수시와 정시

남	북	설명
수시(모집)	-	남 수능보다 내신이나 다른 요소를 많이 반영해 학생을 선발하는 것
정시(모집)	-	남 수능 점수를 많이 반영하여 학생을 선발하는 것

시험 방식

남	북	설명
필기(시험)	필답(시험) / 필기시험	
구술(시험)	인물심사	
논술(시험)	-	남 주장을 논리적으로 서술하는 시험

정답과 오답

남	북	설명
정답	맞는 답 / 정답	
오답	틀린 대답	

시험 문제

남	북	설명
*맞히다	*맞추다	남 정답을 맞히다 / 답안지를 맞추다 북 정답을 맞추다 / 답안지를 맞추다
헷갈리다 / 헛갈리다	헛갈리다 / 헷갈리다	

절대 평가와 상대 평가

남	북	설명
절대 평가	-	남 남과 비교하지 않고 평가하는 것
상대 평가	-	남 남과 비교한 위치로 평가하는 것

수행 평가

남	북	설명
수행 평가	-	남 과제 수행 과정과 결과를 평가하는 것

서류와 면접

남	북	설명
서류 전형	문건심의	
면접(시험)	구답(시험)	
추천서	파견장	

재수생

남	북	설명
재수생	-	남 시험에 떨어져 다음 시험을 준비하는 학생

» 대학 제도

문과 학부

남	북	설명
문과대(학) / 인문대(학)		[남] 어문학과 사학과 철학과 등
사회대 / 사회과학대(학)		[남] 사회학과 행정학과 등
경영대(학)	사회과학 학부	[남] 경영학과
상대 / 상경대(학)		[남] 경제학과 통계학과 등
법대 / 법과대(학)		[남] 법학과

기타 학부

남	북	설명
자연대 / 자연과학대(학) / 이과대(학)	리과대학	
사대 / *사범대(학)	*사범대학	[남] 중등 교원 양성 [북] 중등 + 대학 교원 양성
간호대(학)	간호원학교	[남] 대학교 소속 [북] 독립 기관

부전공과 복수 전공

남	북	설명
부전공	-	[남] 주 전공 외의 부수적 전공 분야
복수 전공	-	[남] 여러 전공을 함께 이수하는 것

학위

남	북	설명
*학사	-	[남] *학사 (대학교 졸업 시 받는 학위)
석사	*학사	[북] *학사 (박사 아래 학위)
박사	박사	
	원사	[북] 명예 칭호

대학생과 대학원생

남	북	설명
대학생 / 학부생	대학생	
대학원생	박사원생 / 연구생	

교수 등급

남	북	설명
정교수	*교수	남 *교수 (직업) 북 *교수 (직위)
부교수 조교수	부교수	남 조교수 〈 부교수 (권위)

교수와 학과장

남	북	설명
*교수	(대학)교원 / (대학)선생	남 *교수 (직업) 북 *교수 (직위)
학과장	강좌장	

» 대학 생활

학비

남	북	설명
입학금	-	남 입학할 때 학교에 내는 돈
등록금	-	남 수업료 + 학교 행정 비용

수강

남	북	설명
수강 신청	-	남 학기 시작 전에 수강 과목을 신청하는 것
재수강	-	남 전에 들었던 과목을 다시 듣는 것

함께하는 공부

남	북	설명
스터디	-	남 같은 목적을 가진 여러 사람이 모여 함께 공부하는 것
세미나	강습 / 쎄미나르	북 일정한 때 사람을 모아 하는 교육
	학습토론 / 쎄미나르	북 학습한 주제를 놓고 하는 토론
	학술토론회 / 쎄미나르	북 학술적인 문제를 토론하는 모임

리포트

남	북	설명
리포트 / 보고서	보고서	

성적

남	북	설명
학점	-	남 대학(원)에서 성적이나 이수한 수업의 양을 표시하는 단위 A+학점을 받다 / 18학점 이수
학(사경)고	-	남 매우 나쁜 성적에 대한 경고 학고(를) 맞다

대학 생활

남	북	설명
오티(OT) / 오리엔테이션	-	남 신입생을 위한 생활 안내 행사
엠티(MT)	-	남 친목 도모로 다녀오는 여행
동문회	-	남 같은 학교 졸업생들의 모임

기타

남	북	설명
캠퍼스 / 교정	교정	
여대생	녀대(학)생	
어학연수	-	남 외국에서 다른 언어를 배우는 것

직장 생활

» 기업

회사

남	북	설명
회사	회사 / 기업(소)	

공기업과 사기업

남	북	설명
공기업	-	남 국가나 자치 단체가 운영
공기업 / 국영 기업	국영기업(소) / 국가기업(소)	국가가 운영
사기업 / 민영 기업	민영기업(소)	개인이 운영

대기업과 중소기업

남	북	설명
대기업	대기업(소)	
중소기업	중소기업(소)	

그룹

남	북	설명
그룹	연합기업소	남 한 책임자 밑에 있는 기업들의 묶음
계열사	-	남 한 책임자 밑에 있는 각 기업들

기타

남	북	설명
합작	합작 / 합영	
체인(점)	-	남 한 관리 회사 밑에 있는 점포

» 직업

공무원

남	북	설명
공무원	정무원 / 공무원	
교사 / 선생(님) / 교원	교양원	남 유치원 교사 북 유치원 교양원
	교원 / 선생 / 교사	남 초등학교 / 중고등학교 교사 북 소학교 / 중학교 교원

회사원

남	북	설명
사무직	사무원직	
영업직	-	남 상품을 팔거나 소개하는 직종
은행원	은행사무원	남 은행에서 금융 업무를 하는 직원
비즈니스맨	-	남 사업하거나 직장에 다니는 사람

기술직

남	북	설명
엔지니어 / 기술자	기술자	
프로그래머	프로그람 작성자	

예술가와 디자이너

남	북	설명
아티스트 / 예술가	예술가	
디자이너	-	남 설계나 도안을 하는 사람

서비스직

남	북	설명
서비스직	봉사직	
경호원	호위(성)원 / 경호원	
파출부 / 가정부	가정부	
*직업여성 / 접대부	-	남 직업여성 (유흥업에 종사하는 여자로도 쓰임)

생산직

남	북	설명
생산직	-	남 상품을 생산하는 직종
어부	어로공 / 어부	

자영업

남	북	설명
자영업	-	남 자신이 직접 운영하는 사업
프리랜서	자유직업자	남 어디에 속하지 않고 자유롭게 계약하고 일하는 사람

» 입사와 퇴사

취업

남	북	설명
취업 / 취직	입직 / 취직 / 취업	

공채와 특채

남	북	설명
공채	-	남 공개적으로 평등하게 채용하는 것
특채	-	남 특별히 따로 채용하는 것

직장 생활

기타 채용 방법

남	북	설명
급구	-	남 매우 급히 일할 사람을 구하는 것
스카우트	-	남 좋은 일꾼을 데려오는 활동

이력

남	북	설명
이력서	리력서 / 경력서	
프로필 / 약력	략력	
스펙 / 이력	리력	남 스펙이 좋다 / 별로다
군필	-	남 군 복무를 마친 것

정규직과 비정규직

남	북	설명
정규직	-	남 고용, 복지를 보장받는 직위
비정규직	-	남 고용, 복지를 보장받지 못하는 직위

비정규직

남	북	설명
계약직	-	남 계약 기간만 고용을 보장받는 직위
아르바이트 / 부업	부업	

노동 형태

남	북	설명
파트타임	-	남 짧은 시간만 일하는 방식
풀타임	-	남 하루 근무 시간 내내 일하는 방식
재택근무	자택사무	

급여 조건

남	북	설명
임금 / 보수	*생활비 / 로임 / (로동)임금 / 보수 / 로력비	남 *생활비 (생활하는 데 드는 돈) 북 *생활비 (임금)
보너스 / 상여금	상(여)금	
인센티브	-	남 목표 행동을 부추기는 보상
호봉	년한가급금	

기본급과 수당

남	북	설명
기본급	-	남 수당을 제외한 기본적인 급여
수당	가급금	

휴가 조건

남	북	설명
연가 / 연차	-	남 한 해 동안 쓸 수 있는 유급 휴가
월차	-	남 한 달 동안 쓸 수 있는 유급 휴가
휴무(일)	쉬는날	

문책

남	북	설명
문책 / 추궁	문책 / 추궁 / 책벌	남 문책성 인사

정년퇴직과 명예퇴직

남	북	설명
정년퇴직	년로보장 / 정년퇴직	
명예퇴직 / 명퇴	-	남 스스로 직장을 그만두는 것

» 직장 구성원

경영자

남	북	설명
오너 / 소유주	소유주	
*회장	-	남 회사의 대표로도 쓰임
사장	사장	
대표(이사)	-	남 이사회 대표로 경영하는 사람
시이오(CEO)	-	남 최고 경영자

임원과 위원회

남	북	설명
임원 / 간부	간부	
위원회	위원회 / 꼬미씨야	

임원을 돕는 사람

남	북	설명
*비서	-	남 높은 사람에 직속된 직위나 사람 북 정치적 책임을 지는 직위나 사람
수행원	수(행)원 / 수행성원	

사원

남	북	설명
평사원		임원이나 간부가 아닌 회사원
경력 (사원)	-	남 경력을 인정받아 높은 직급으로 들어온 사원
신입 (사원)	신입	
인턴(사원)	-	남 회사에서 실습 삼아 일하는 사람

팀

남	북	설명
*팀	조	남 *팀 (함께 일하는 무리로도 쓰임)
팀장	조장	
멤버 / 팀원	성원 / 조원	
파트너	짝패	

상급자와 하급자

남	북	설명
상사 / 상급자	상급자	
부하 직원 / 하급자	-	남 낮은 지위에 있는 직원

선임자

남	북	설명
고참 / 선임(자)	선임(자)	
*사수	-	남 바로 위 상급자로도 쓰임

» 직장인의 자질

장점과 단점

남	북	설명
장점	장점 / 우점	
단점 / 결점	결함 / 부족점 / 결점 / 단점	

좋은 자세

남	북	설명
끈기	끈기 / 근기	
융통성	융통(성)	
자신감	자신심 / 자신감	
믿음 / 확신	*신심 / 확신 / 믿음	남 *신심 (종교적 뜻으로 많이 쓰임)

능력

남	북	설명
재능	재능 / 재간	
장기	장끼	
아이디어 / 착상	착상	
창의성	창발성 / 창의성	
피아르(PR) / 선전	선전	
어필	-	남 의견이나 감정의 표현
센스	-	남 상황을 파악하여 대응하는 능력 센스가 있다 / 없다

직장 생활

리더십

남	북	설명
리더십 / 지도력	령도력 / 지도력	
추진력	내밀성 / 추진력	
카리스마	-	남 상대를 압도하는 위엄
통제 / 조절 / 컨트롤	조절 / 통제	
(의사)소통 / 커뮤니케이션	(의사)소통	
협동 / 팀워크	협동	

인간관계

남	북	설명
*마당발	-	남 인간관계가 넓은 사람으로도 쓰임

요령

남	북	설명
노하우 / 비결 / 비법	비결 / 비법	
팁	-	남 유용한 조언이나 정보 문제를 해결할 수 있는 팁

단점

남	북	설명
핑계	핑게	
태업	태업 / 태공	
뒤(처)지다	뒤지다 / 짝지다	
어설프다	어설프다 어설궂다	북 어설프다 〈 어설궂다 (정도)
섣부르다	서뿌르다	

업무

업무 종류

남	북	설명
인사	간부사업	
마케팅	-	[남] 제품을 팔기 위한 전략적인 활동
비즈니스	-	[남] 개인 사업이나 직장 업무

기획과 결재

남	북	설명
*사업 / 프로젝트	*사업 / 업무 / 연구 과제	[남] *사업 (경제 활동으로 많이 쓰임)
기(획)안	기안	
결재	*비준 / 결재	[남] *비준 (정부 이상 단위에만 쓰임) 국회 비준 [북] *비준 (폭넓게 씀)

발표

남	북	설명
발표 / 프레젠테이션 / 피티(PT)	발표	
브리핑	-	[남] 남 앞에서 간단히 설명하는 것
슬라이드	단매화면	[남] 컴퓨터 발표 화면 [북] 환등기 발표 화면
설치 / 세팅	설치	

회의와 지시

남	북	설명
회의 / 미팅	회의	
오더 / 지시	지시	

코멘트와 노코멘트

남	북	설명
언급 / 코멘트	언급	
노코멘트	-	남 대답하거나 언급하지 않는 것

업무 일정

남	북	설명
계획 / 플랜	계획	
일정 / 스케줄 / 일과	일정(계획) / 일과	
마감(일) / 데드라인	마감(고비/날자) / 계획 날자	
디(D)데이	-	남 중요한 일을 하기로 한 날짜 새 제품 발표의 디데이
보장	보장 / *담보	남 *담보 (빚을 대신할 돈이나 물건) 북 *담보 (목표를 보장하는 것)

업무 체크

남	북	설명
확인 / 체크	확인	
목록 / 리스트	목록	
체크리스트	-	남 확인해야 할 일들의 목록

제품 생산

남	북	설명
컨베이어	콘베아	
조립 라인	흐름선	
작동	동작 / 작동	
풀가동	만가동	

근무

남	북	설명
당직	당직 / 직일	
로테이션 / 순환	순환 / 교대 근무	
산업 재해	로동재해	

바이어와 접대

남	북	설명
바이어	수입상	
*접대	*접대	남 부정적으로도 쓰임 지나친 접대 문화

할 만한 일

남	북	설명
쉽다	쉽다 / *헐하다	북 *헐하다 (어렵지 않다로도 쓰임)
너끈하다	넉근하다	

어려운 일

남	북	설명
어렵다 / 벅차다 / 버겁다	어렵다 / 벅차다 / 베차다	
힘들다	어렵다 / *바쁘다 / 힘들다	남 일이 힘들다 / 보기에 딱하다 북 일이 바쁘다 / 보기에 바쁘다 *바쁘다 (힘들다 딱하다로도 쓰임)
*바쁘다	*바쁘다	

업무 마무리

남	북	설명
평가 / 피드백	총화	
마무리하다 / 끝맺다 / 매듭짓다	마무리하다 / *결속하다	북 *결속 (일을 마치는 것으로도 쓰임)

» 뒤풀이와 휴식

뒤풀이

남	북	설명
뒤풀이	-	남 일을 마치고 먹고 노는 것
원샷하다	쭉내다	

쉬는 공간

남	북	설명
휴게실	휴계실	
흡연실	흡연실 / 담배칸	
흡연석	-	남 담배를 필 수 있는 자리

흡연

남	북	설명
궐련	만담배 / 권연	
재떨이	재털이	
애연가	애연가 / 담배질군	

» 서류 작성

작성과 인쇄

남	북	설명
타이핑	타자치기	
프린트 / 인쇄 / 출력	인쇄 / 프린트	

예시와 자료

남	북	설명
예(시) / 보기 / 이엑스(EX)	례(시)	남 example
그래프 / 도표	그라프 / 도표	
도표 / 차트	도표	

인쇄용지의 종류

남	북	설명
에이포(A4) (용지)	에이사(A4)지	
이면지	재사용지	
라벨지	-	남 뒷면에 접착제가 발라져 있어서 출력 후에 붙일 수 있는 인쇄지

복사 방법

남	북	설명
단면 복사	-	남 한쪽 면만 복사하는 것
양면 복사	앞뒤복사	

코팅

남	북	설명
코팅	-	남 문서 겉에 비닐 막을 입히는 것

» 사무 용품

서류철

남	북	설명
파일 / 서류철	서류철	
바인더	종이끼우개	

서류를 묶을 때 쓰는 도구

남	북	설명
호치키스 / 스테이플러	책집게	
클립	종이끼우개 / 클리프	
펀치	뽄찌	

기록용 도구

남	북	설명
다이어리	일지	남 일기 일정 메모 등을 남기는 수첩
메모(지)	기록지	
포스트 잇	-	남 붙였다 뗐다 하는 메모지 (상품명)

수정용 도구

남	북	설명
화이트 / 수정 펜	수정펜	남 잘못 쓴 부분을 희게 칠하는 펜
화이트 / 수정 테이프	수정테프	남 잘못 쓴 부분을 희게 덮는 테이프

보관함

남	북	설명
*캐비닛	*까비네트	북 연구실로도 쓰임
사물함 / 로커	사물함	
박스 / 상자	상자	
	상자 / 지함	북 종이 상자

도장과 인주

남	북	설명
도장 / 스탬프	도장 / 스탬프	
인주	인즙 / 도장즙 / 인주	

기타

남	북	설명
파티션	자리막이칸	
팩스 / 팩시밀리	팍스(장치) / 모사전송(기)	
달력 / 캘린더	달력 / 력서	

신체와 의료

머리

눈

남	북	설명
눈가	눈가(녘/위) / 눈가장(자리)	
눈초리 / 눈꼬리	눈초리 / 눈꼬리 / 눈귀	

눈썹

남	북	설명
눈썹	눈섭	
속눈썹	속눈섭 / 살눈섭	

입

남	북	설명
입가	입가 / 입가장(자리)	

치아를 나타내는 말

남	북	설명
-니	-이	남 앞니 어금니 사랑니 틀니 북 앞이 어금이 사랑이 틀이

윗니 아랫니

남	북	설명
윗니	웃이	
아랫니	아래이	

이와 이빨

남	북	설명
이	이(발)	남 이 (사람) 이빨 (동물) 북 사람과 동물 구분 없이 쓰임
이빨		

기타

남	북	설명
고개	(목)고개	
이맛살	이마살 / 앞머리살	

» 상체와 하체

상체

남	북	설명
윗몸 / 상체 / 상반신 / 윗도리	상반신 / 웃도리 / 상체 / 웃몸	

배와 허리

남	북	설명
윗배	웃배	
등허리	등허리 / 허리등	

손과 팔

남	북	설명
팔꿈치	팔꿈치 / 팔굽	
손아귀	손아귀 / 손탁	
손뼉	손벽	
움큼	웅큼	

하체

남	북	설명
하체 / 하반신 / 아랫몸 / 아랫도리	하반신 / 아래도리 / 하체 / 아래몸	

다리

남	북	설명
넓적다리	넙적다리	

엉덩이

남	북	설명
궁둥살	-	남 엉덩이 근육
항문	홍문	
괄약근	오무림살 / 괄약근	

» 내장과 신체 기능

폐

남	북	설명
폐 / 허파	페(부/장) / 허파	

신체와 의료

창자

남	북	설명
작은창자 / 소장	가는밸 / 소장	
큰창자 / 대장	대장 / 굵은밸 / 큰밸	

감각

남	북	설명
맹점	어둠점 / 맹점	
청신경	(균형)청신경	
후각	후각 / 취각	

생식과 유전

남	북	설명
불알 / 고환	불(알) / 고환	
생리 / 월경 / 달거리	달거리 / 월경 / 위생	
돌연변이	갑작변이 / 돌연변이	

» 의료 기관

작은 의료 기관

남	북	설명
보건소	진료소	북 진료소 〉 구역/군병원 〉 시/도병원 〉 중앙병원 (체계)
개인 병원 / 의원	-	남 개인이 운영하는 작은 병원
클리닉	-	남 특정 질병을 치료하는 곳 비만 클리닉

특별 의료 기관

남	북	설명
한의원	고려병원 / 동의병원	
산후조리원	산원	남 몸조리 북 출산 + 몸조리
건강 검진 센터	-	남 건강 상태를 검사하는 곳
요양원	료양소	

진료 과목

남	북	설명
*정형외과	*정형외과	남 *정형외과 (근육 뼈 치료) *성형외과 (외모 치료)
*성형외과		
가정 의학과	-	남 포괄적인 의료 제공
이비인후과	이비(인후)과	
치과	구강과	
응급실	구급과 / 응급실	
한의학	고려의학 / 동의학	

» 의료인

의사와 약사

남	북	설명
주치의	주치의(사)	북 진료소 〉 구역/군병원 〉 시/도병원 〉 중앙병원 (체계)
약사	약제사	북 의약품 개발 관리자
	조제사	북 현장에서 의약품을 조제하는 사람
한의사	고려의사 / 동의사	

간호사와 간병인

남	북	설명
간호사	간호원 / 간호부	
수간호사	간호장	
간병인	간병원 / 간호인	

의사 양성 과정

남	북	설명
인턴 / 전공의	준의(사)	남 의사 시험 합격 후 수련받는 의사 인턴-레지던트-전문의 (순서) 북 전문학교를 졸업한 의사
레지던트 / 전공의		
전문의	전문의사	

» 장애

노약자와 장애인

남	북	설명
노약자	로약(자)	
장애인	불구자	남 신체 + 정신 장애 북 신체 장애

지체 장애인

남	북	설명
지체 장애	불구	
휠체어	세바퀴차 / 삼륜차	

시각 장애인

남	북	설명
시각 장애인	*소경 / *장님 / *참봉	남 *장님 / *소경 (낮추는 말) *참봉 (벼슬 이름으로만 쓰였음)
*장님 / *소경		

청각 장애인

남	북	설명
농아 / 농인 / 청각 장애인 *귀머거리	*귀머거리 / 롱아	남 *귀머거리 (낮추는 말)

언어 장애인

남	북	설명
농아 / 농인 / 언어 장애인 *벙어리	*벙어리 / 롱아	남 *벙어리 (낮추는 말)

기타 장애

남	북	설명
뇌성 마비 / 뇌 병변 장애	소아뇌성마비	
자폐 / 발달 장애	자페증	

» 병

전염

남	북	설명
바이러스	비루스	
전염	전염 / 옮기	

디스토마

남	북	설명
디스토마	지스토마	

호흡기 질환

남	북	설명
독감	독감(기)	
니코틴	니꼬찐	

소화기 질환

남	북	설명
소화 불량	소화불량(증) / 소화장애	
구토	구토 / 게우기	

부러지고 삐는 것

남	북	설명
골절	골절 / 뼈부러지기	
삐다	삐(이)다	

기타 뼈 근육 질환

남	북	설명
골다공증	골송소증	
관절통	-	남 뼈마디가 쑤시는 증상
*쥐	*쥐	남 쥐가 나다 북 쥐가 일다 / 오르다

치과 질환

남	북	설명
치통	이쏘기 / 치통	
충치 / 삭은니	삭은이 / 충치	

피부 질환

남	북	설명
아토피	아트로피	
두드러기	두드러기 / 풍은진	

뇌 질환

남	북	설명
뇌염모기	-	[남] 뇌염 바이러스를 옮기는 모기
편두통	편두통 / 변두통	
실어증	실어증 / 말잃기증	
건망증	건망(증) / 망각증	
치매	로망 / 로인치매	
*식물인간	식물성사람	[북] *식물인간 (아무것도 하지 않고 지내는 사람)

충격

남	북	설명
충격 / *쇼크	*쇼크	[남] *쇼크 (육체적 + 정신적 충격) 쇼크(를) 받다 / 먹다 [북] *쇼크 (육체적 충격)
별	별꽃	현기증이 나서 눈에 어른거리는 것
얼얼하다	얼얼하다	[북] 얼얼하다 〈 얼벌벌하다 (정도)
	얼벌벌하다	

정신 질환

남	북	설명
정신 분열증	정신분렬증 / 정신분렬병	
노이로제	신경증 / 노이로즈	

기타

남	북	설명
컨디션 / (건강)상태	(건강)상태	
출혈	출혈 / 피나기	
생리통	월경통 / 달거리아픔	
돌연사	갑작죽음	

» 진단과 치료

혈액 검사

남	북	설명
채혈	피뽑기 / 채혈	
혈액형	피형 / 혈액형	

엑스레이

남	북	설명
뢴트겐	렌트겐	

시력 교정 수술

남	북	설명
라식	-	남 라섹보다 효과가 좋은 레이저 시력 교정술
라섹	-	남 라식보다 합병증 비율이 낮은 레이저 시력 교정술

콘택트렌즈

남	북	설명
(콘택트)렌즈	접촉렌즈 / 접촉안경	남 각막에 붙여 눈을 잘 보이게 하는 얇은 막

기타

남	북	설명
차트	병력서 / 깔따	
깁스	기프스 / 석고붕대	
레이저	레이자	
링거	링게르	

의약품

알약과 물약

남	북	설명
캡슐	교갑 / 카프셀	
시럽 / 물약	(단)물약 / 시롭	

한약과 양약

남	북	설명
한약	고려약 / 동약	
양약	양약 / *신약	남 *신약 (새로 발명한 약) 북 *신약 (서양식 약)

외상 치료 의약품

남	북	설명
연고	(무른)고약 / 연고	
반창고 / 밴드	반창고	
물파스	-	남 액체로 된 파스

기타 의약품

남	북	설명
해열제	해열제 / 해열약 / 열내림약	
지사제	설사(멎이)약 / 지사제	
진정제	진정약 / 진정제	

건강식품

남	북	설명
웅담	곰열 / 웅담	
칼슘	칼시움	

교통

대중교통

버스

남	북	설명
버스	뻐스	남 시내버스 시외버스 관광버스 북 시내뻐스 시외뻐스 관광뻐스

전철

남	북	설명
지하철 / 전철	전동차	
전철	전기철도	

표 끊기

남	북	설명
자동 발급기	-	남 승차권 자동 발급 기계
끊다	*떼다 / 끊다	남 차표를 끊다 북 차표를 끊다 / 떼다
환승 할인	-	남 버스나 지하철을 갈아탈 때 기본요금을 또 내지 않고 추가 요금만 내는 것

차표

남	북	설명
교통 카드	-	남 대중교통을 이용할 때 현금 대신 쓰는 전자 카드 (교통 카드 충전)
정기(승차)권	통근권	

일반 좌석

남	북	설명
일(1)등석	특별석 / 상급좌석	
이(2)등석		
삼(3)등석 / 일반석	일반석	
입석	서는 자리	

특별 좌석

남	북	설명
경로석	로인좌석	
노약자석	-	남 노인이나 약한 사람을 위한 좌석
임산부석	애기어머니좌석 / 임신부좌석	

» 버스와 택시

터미널

남	북	설명
터미널	*종점 / 뻐스주차장	북 *종점 (기차, 버스 등을 운행하는 일정한 구간에서 맨 끝이 되는 지점)
직행 / 논스톱	직행	

일반 버스

남	북	설명
고속버스	-	남 고속도로로 빠르게 다니는 버스
공항버스 / 리무진	-	남 공항-지역 간 왕복 버스

교통

셔틀 버스

남	북	설명
셔틀버스	-	남 짧은 구간 왕복 버스
스쿨버스	-	남 멀리 사는 학생들이 타고 다니는 학교 운행 버스

전세 버스

남	북	설명
전세 버스	-	남 돈을 내고 일정 기간 빌리는 버스
대절	-	남 어떤 것을 돈을 내고 빌려 다른 사람이 쓰지 못하게 하는 것 전세 버스 대절

택시 종류

남	북	설명
택시	택시	
개인택시	-	남 개인 관리 운영 북 국영 택시만 있음
회사 택시	-	남 회사 관리 운영
모범택시	-	남 좋은 시설과 서비스를 제공하고 비싼 요금을 받는 택시
콜택시	-	남 전화하면 손님에게 오는 택시

택시 탑승

남	북	설명
미터기	-	남 운행 거리와 요금을 표시하는 기계
할증	-	남 정해진 값에 추가로 붙는 돈 심야 할증이 붙다
합승	함께 오르기	

» 철도

기차 종류

남	북	설명
케이티엑스(KTX) 에스아르티(SRT)	급행려객렬차	남 먼 거리를 오가는 고속철도
무궁화호	-	남 고속철도보다 느린 중장거리 열차
누리로	-	남 무궁화호를 대체할 새 열차

기차에 타는 사람

남	북	설명
승무원	승무원 / 렬차원	
잡상인	-	남 옮겨 다니며 이것저것 파는 상인

철도 승강장

남	북	설명
철도 / 레일 / 기찻길 / 철길 / 철로	철도 / 기차길 / 레루 / 철길	
플랫폼 / 승강장	역홈 / 승강장	
스크린 도어 / 안전문	-	남 사람이 열차에 부딪히거나 철로에 떨어지지 않게 설치한 자동문

역사 안 이동 시설

남	북	설명
에스컬레이터	계단(식)승강기 / 승강계단	
엘리베이터 / 승강기	(수직)승강기 / 엘레베터	
휠체어 리프트	-	남 휠체어를 탄 채로 계단을 오르내릴 수 있게 설치한 시설
우측 보행	오른쪽 걷기 / 우측 걷기	

교통

철도역 편의 시설

남	북	설명
유실물 센터	-	남 분실물을 보관해 두는 곳
수유실	-	남 아이에게 젖을 먹이는 공간

» 비행기

공항과 면세점

남	북	설명
공항 / 비행장	비행장 / 항공역	
면세점	무관세 상점	세금 면제로 상품을 싸게 파는 상점

제트기

남	북	설명
제트기	제트기 / 분사식비행기	

수속

남	북	설명
티케팅	표 떼기	
마일리지	-	남 항공기를 이용할 때마다 쌓이는 점수로 돈처럼 쓸 수 있음 마일리지 적립
비자	(입국)사증 / 비자	
수하물 / 수화물 / 손짐	손짐 / 수화물 / 수하물	

비행기 좌석

남	북	설명
퍼스트 클래스	특별석	남 이코노미 〈 비즈니스 〈 퍼스트 북 일반석 〈 특별석 (등급)
비즈니스 클래스	-	
이코노미 클래스	일반석	

비행기 조종사

남	북	설명
파일럿 / 조종사	조종사	

비행기 승무원

남	북	설명
승무원	비행(기) 승무원 / 비행(기) 안내원	
스튜어디스		남 여자
스튜어드		남 남자

» 자동차 종류

승합차

남	북	설명
봉고 (차)	-	남 10명 정도 탈 수 있는 긴 차
밴	-	남 뒤에 큰 화물칸이 있는 긴 차

스포츠 차량

남	북	설명
지프(차)	찌프(차)	
에스유브이(SUV)	-	남 스포츠와 승용 기능을 함께하는 사륜차

리무진

남	북	설명
리무진	-	남 앞뒤가 긴 승용차

특수 자동차

남	북	설명
트레일러	도레라	[북] 도레라 〈 추레라 (크기)
	추레라	
견인차	견인차 / 끌차	

운전면허의 종류

남	북	설명
운전면허(증)		
일(1)종	-	[남] 주로 사업용 [북] 1-4급 (체계와 자격 내용이 다름)
이(2)종	-	[남] 주로 개인용

영업용

남	북	설명
영업용	-	[남] 돈 버는 데 쓰는 것 (영업용 택시) [북] 국영밖에 없음
렌터카	-	[남] 돈을 주고 빌리는 자동차

오토바이

남	북	설명
오토바이 / 모터사이클	오토바이 / 모터찌클	
하이바 / 헬멧 / 안전모	안전모 / 오토바이 모자	

» 자동차 부품과 관리

운전석

남	북	설명
경적 / 클랙슨	경적	
와이퍼	비물닦개 / 물씻개	
기어 / 변속기	변속기 / 기야	
사이드 브레이크	손제동 / 제동손잡이	

페달

남	북	설명
페달	페달 / 답판 / 발디디개 / 발딛개	
액셀 / 가속 페달	가속기 / 가속장치 / 악셀(레터)	
브레이크	제동	
클러치	크라치	

거울

남	북	설명
백미러 / 후사경	후사경	
사이드 미러	-	남 차 양옆 앞에 다는 거울

엔진

남	북	설명
보닛	본네트	
엔진	기관 / 엔진	

바퀴

남	북	설명
타이어	다이야	
체인	(쇠)사슬 / 체인	

헤드라이트

남	북	설명
헤드라이트 / 전조등	전조등 / 앞등 / 헤드라이트	
상향등	-	남 밤에 멀리까지 보려고 위로 켜는 전조등
안개등	-	남 안개가 꼈을 때 낮은 곳을 넓게 보려고 켜는 전조등

운전 등

남	북	설명
(후)미등	뒤등	
깜빡이 / 방향 등	*신호등 / 방향등	북 *신호등 (방향등으로도 쓰임)
비상등 / 정지등	-	

트렁크와 범퍼

남	북	설명
*트렁크	짐칸	남 *트렁크 (자동차 짐칸으로도 쓰임)
범퍼	밤바 / 완충장치	

안전장치

남	북	설명
안전벨트 / 안전띠	안전띠	
에어백	-	남 자동차가 충돌할 때 부풀어 나와 충격을 줄이는 공기 주머니

옵션

남	북	설명
옵션	-	남 기본 외에 덧붙이는 장치
내비(게이션)	-	남 길을 안내하는 장치나 프로그램
블랙박스	-	남 주행 자료 기록 장치

주유

남	북	설명
*주유	*급유	남 *급유 (비행기 + 배) *주유 (자동차) 북 *급유 (비행기 + 배 + 자동차) *주유 (기름 치는 일)
주유소	연유 공급소 / 급유소	
시시(CC)	-	남 한 번에 넣을 수 있는 연료량
연비	-	남 기름 1리터로 가는 거리

관리

남	북	설명
카센터	자동차 수리소	
펑크	빵크	
선팅	-	남 유리에 붙여 햇빛을 막는 막

» 도로

도로 종류

남	북	설명
고속 도로	고속도(도)로	
국도	국도	
지방도	일(1)급도로	북 평양-도
	이(2)급도로	북 도-도
	삼(3)급도로	북 도-군 / 군-군
	사(4)급도로	북 군-리
	오(5)급도로	북 리-리
	륙(6)급도로	북 마을-마을
순환 도로	륜환(선)도로	

고속도로

남	북	설명
톨게이트 / 요금소	-	남 유료 도로에서 돈을 받는 곳
하이패스	-	남 톨게이트를 지날 때 자동으로 돈이 정산되는 것
인터체인지	립체다리 / 립체교	

교차로

남	북	설명
교차로	사귐길 / 교차로	
사거리 / 네거리	네거리 / 십자길 / 십자거리	

표지판

남	북	설명
(교통)표지판	표식판	
푯말	표말(뚝)	

건널목

남	북	설명
횡단보도 / 건널목	횡단보도 / 건늠길	
건너다	건느다	

육교와 지하도

남	북	설명
육교 / 구름다리	구름다리 / 륙교 / 공중다리	
지하도	지하도(로) / 지하건늠길	

교통안전

남	북	설명
과속 방지 턱	-	남 차 속도를 낮추려고 도로에 설치한 낮은 턱
교통섬	-	남 안전을 위해 차선 사이에 돌 등을 설치해 구분한 구역
어린이 보호 구역	-	남 어린이 교통안전을 위해 유치원과 초등학교 주변에 차량 속도를 제한한 구역
음주 측정	-	남 음주 운전을 단속하려고 경찰이 운전자의 음주 여부를 기계로 간단히 검사하는 것
감시 카메라 / 시시티브이(CCTV)	-	남 어떤 곳을 감시하는 무인 카메라
뺑소니차	-	남 교통사고를 내고 도망친 차량

운전 규칙

남	북	설명
버스 전용 차로	-	남 버스의 원활한 소통을 위해 버스만 다닐 수 있게 한 찻길
비보호	-	남 신호의 보호를 받지 못하는 것 비보호 좌회전
일방통행	-	남 차량이 한 방향으로만 가도록 하는 것 (다른 의견을 듣지 않고 제 뜻만 펴는 것으로도 쓰임)

커브

남	북	설명
코너 / 모퉁이	모퉁이	남 코너에 몰리다 (곤란에 빠지다)
커브	굽(인)돌이 / 카브 / 굽이길	
지그재그	지그자그	

산길

남	북	설명
비탈길 / 경사로	비탈길	
오르막길	올리막길 / 오르막길	
오르막 차선	-	남 경사가 있는 고속 도로에서 느린 차가 교통 흐름을 방해하는 것을 막으려고 마련한 차선
터널 / 굴	(차)굴	
	(기차)굴	

기타

남	북	설명
코스 / 경로	로정 / 경로 / 코스	
길목	길(가름)목	
교통 체증	-	남 차가 많아서 길이 막히는 것

» 운전

우회전 좌회전

남	북	설명
우회전	우회전 / 우측전환	
좌회전	좌회전 / 좌측전환	

돌아가기

남	북	설명
유(U)턴	돌아오기	
피(P)턴	-	남 좌회전이 안 되는 교차로에서 왼쪽으로 가고 싶을 때 P모양으로 돌아가는 것

주차

남	북	설명
주차 / 파킹	주차	
발레파킹	-	남 자동차 주인 대신 주차하는 것

정차

남	북	설명
정차	차멎기	
공회전	헛돌이 / 공(회)전	

운전 유형

남	북	설명
카풀	동승	남 목적지가 같은 사람들이 차를 함께 타기로 하는 약속
대리운전	-	남 음주 등으로 차 주인이 직접 운전할 수 없을 때 돈을 받고 대신 운전하는 일
대리 기사	-	남 대리운전을 해 주는 운전기사

속도

남	북	설명
속도 / 스피드 / 속력	속도 / 속력	
추월 / 앞지르기	따라앞서기	

교통

컴퓨터와 통신

» 하드웨어

컴퓨터 종류

남	북	설명
컴퓨터	(전자)계산기 / 콤퓨터	
피시(PC) / 데스크톱	탁상(용/형)콤퓨터 / 개인형콤퓨터	
인공 지능 / 에이아이(AI)	인공지능	

휴대용 컴퓨터

남	북	설명
노트북	노트콤	
태블릿(피시(PC))	판형콤퓨터	

컴퓨터 시스템

남	북	설명
디지털	수자식 / 디지탈	
시스템 / 체계	체계	
플랫폼	플래트홈 / 가동환경	

입력 장치

남	북	설명
키보드 / 자판	(콤퓨터)건반 / 자판 / 키보드	
터치스크린	-	손가락이나 도구를 대면 프로그램이 실행되는 화면
조이 스틱	유희용 조종기	
마우스 패드	마우스밑판	

키보드 버튼

남	북	설명
키 / 버튼	건(반)	
이에스시(ESC)	탈퇴 / 이에스씨(ESC)	Esc
탭	탭 / 타브	↹
딜리트	지우기 / 삭제 / 딜리트	Del
스페이스(바)	공백띠 / 공백건	Space Bar
에프(F) / 펑션	함수 / 기능	F1-F12
인서트	삽입 / 끼워넣기	Insert

출력 장치

남	북	설명
모니터	감시기 / 모니터	
프린터(기) / 인쇄기	인쇄기(계)	
복합기	-	남 인쇄기 + 스캐너

음향 장치

남	북	설명
스피커	고성기 / 증폭기 / 스피카	
이어폰	레시바	
헤드폰		띠를 머리에 걸고 스피커로 귀를 덮어 소리를 들려주는 기구
헤드셋	-	남 마이크가 달린 헤드폰

네트워크 장치

남	북	설명
광케이블	빛섬유케블	
랜	국부망 / 구내망	
모뎀	모뎀	전화선으로 컴퓨터 통신을 잇는 장치
허브	하브	

» 소프트웨어

프로그램

남	북	설명
프로그램	프로그람	
버전 / 판	판(본) / 버전	
프로그래밍	프로그람작성	

운영 체제

남	북	설명
운영 체제 / 오에스(OS)	운영체계 / 체계프로그람	북 붉은별

응용 소프트웨어

남	북	설명
응용 프로그램 / 응용 소프트웨어	응용프로그람 / 응용쏘프트웨어	
유틸리티	실용프로그람 / 편의프로그람 / 유틸리티	
압축 프로그램	압축 프로그람	남 알집을 주로 씀 북 윈라(winrar)를 주로 씀

데이터

남	북	설명
데이터 / 자료	자료 / 데터	
디비(DB) / 데이터베이스	자료기지	

켜고 끄기

남	북	설명
부팅	초기적재	
리부팅 / 재부팅 / 리셋	재시동	
종료	페쇄 / 종료	

오류

남	북	설명
오류 / 에러	오유 / 에러	
다운	체계고장	

제어판

남	북	설명
제어판	조종판	

백업과 포맷

남	북	설명
저장	보관	
백업	예비 복사	
포맷 / 초기화	포마트 / 초기화	

업그레이드

남	북	설명
업그레이드	갱신	
업데이트		

바이러스와 백신

남	북	설명
바이러스	비루스	
악성 코드	악성 비루스	
백신	왁찐	

바탕 화면

남	북	설명
시작 메뉴	시작 차림표	
스크롤바	스크롤 / 화면흘리기 / 흘림띠	

폴더와 파일

남	북	설명
폴더 / 디렉토리	폴더 / 서류철	
파일	파일 / 서류	

파일 다루기

남	북	설명
클릭	클릭크	
불러오기	적재 / 넣기 / 부하	

» 사무용 프로그램

워드 프로세서

남	북	설명
워드 프로세서	문서처리프로그람 / 문서처리쏘프트웨어	남 한글을 가장 많이 씀 북 워드를 가장 많이 씀
한글	창덕 단군	자체 개발 워드 프로세서

엑셀

남	북	설명
엑셀	엑쎌	표 계산 프로그램의 하나
셀	세포	표를 구성하는 최소 단위

정렬 방식

남	북	설명
오름차순	상향식 (분류)	
내림차순	하향식 (분류)	
알파벳순	알파베트순	

그래픽

남	북	설명
그래픽	그라휘크	컴퓨터로 나타내는 시각적 표현
포토샵	포트쇼프	그래픽 편집 프로그램의 하나

기타 오피스

남	북	설명
오피스	-	남 사무용 프로그램 / 엠에스(MS) 오피스 북 각 프로그램의 이름으로 부름
파워포인트 / 피피티(PPT)	파워포인트 / 연시쏘프트웨어	
액세스	악쎄스	
뷰어	보기프로그람 / 보기도구	

복사와 붙여넣기

남	북	설명
복사 / 카피	복사 / 꼬삐	
잘라 내기 / 오려 두기 / 자르기	자르기	
붙여 넣기	붙이기	
삽입	삽입 / 끼워넣기	

» 인터넷 사용

인터넷

남	북	설명
인터넷	인터네트	전 세계 컴퓨터를 연결하는 통신망
웹	웨브	소리 영상 등을 쓸 수 있는 인터넷

아이피 주소

남	북	설명
아이피(IP)(주소)	아이피(IP)주소	인터넷 사용을 위해 사용자의 컴퓨터에 배당된 주소

검색 프로그램

남	북	설명
(웹)브라우저	열람프로그람 / 브라우저 / 열람기	인터넷 검색 프로그램
인터넷 익스플로러	인터네트 탐사기 / 인터네트익스플로러	인터넷 검색 프로그램의 하나

보조 프로그램

남	북	설명
액티브엑스(X)		다양한 인터넷 기능을 쓸 수 있게 돕는 프로그램
코덱	코데크	소리 영상의 압축 변환 프로그램

인터넷 사이트

남	북	설명
(웹)사이트 / 홈페이지 / 홈피 / 누리집	(인터네트)홈페지 / 웨브싸이트 / 거점	인터넷 사용자가 정보에 접근할 수 있도록 마련한 인터넷상의 공간
포털(사이트)	포틀싸이트 / 문형웨브싸이트 / 입구거점	인터넷 종합 서비스 제공 사이트 남 네이버 다음 구글 북 광명

인터넷 주소 형식

남	북	설명
닷컴	-	남 .com
닷넷	-	남 .net
시오 점 케이 아르	-	남 co.kr

인터넷 계정

남	북	설명
아이디(ID) / 계정	아이디 / 계정 / 리용자 식별부호	시스템에 들어갈 때 필요한 이름
암호 / 패스워드 / 비밀번호 / 비번	암호	시스템에 들어갈 때 필요한 암호
닉네임 / 대화명	별명	통신망에서 실명 대신 쓰는 별명

로그인 로그아웃

남	북	설명
로그인	로그온 / 가입등록 / 로그인 / 망접속	아이디 암호 입력 후 시스템에 들어가는 것
로그아웃	로그아우트 / 탈퇴등록 / 로그오프 / 망차단	시스템에서 나오는 것

온라인 오프라인

남	북	설명
온라인	직결 / 온라인	통신망에 연결된 상태
오프라인	비직결 / 오프라인	통신망에 연결이 안 된 상태

인터넷 검색

남	북	설명
검색	탐색	필요한 자료를 찾는 일
키워드	열쇠(단)어 / 실마리어	찾는 자료와 관련된 중요한 단어 남 키워드 검색
새로 고침		인터넷 오류 시 해당 사이트에 다시 접속하는 기능의 단추

사이트 간 연결

남	북	설명
링크	(하이퍼/초)련결 / 링크	사이트나 자료를 연결하는 것
배너	간판 / 막대	누르면 다른 사이트나 자료로 이동하게 되는 단추
팝업(창)	즉석표시(창문) / 튀여나오기	주로 광고를 위해 갑자기 뜨는 창

» 인터넷 소통

이메일

남	북	설명
(이(E))메일 / 전자 우편	전자우편 / 이(E)메일 / 인터네트우편	인터넷으로 주고받는 편지
스팸(메일)	스팜메일 / 스팜우편	광고성 이메일
골뱅이	-	남 @ (at sign, 이메일 주소 중간에 넣는 기호) gyeoremal@gyeoremal.or.kr

온라인 대화

남	북	설명
채팅	-	남 인터넷으로 하는 대화
쪽지	-	남 인터넷으로 건네는 메모
메신저	-	남 실시간 메시지 교환 프로그램

블로그

남	북	설명
블로그	-	남 자기 관심사에 따라 자유롭게 글과 자료를 올리는 사이트
블로거	-	남 블로그 운영자 (파워 블로거)

카페

남	북	설명
카페 / 클럽 / 커뮤니티	-	남 같은 관심사를 가진 사람들이 모여 정보를 주고받거나 친목을 도모하는 인터넷 공간
등업	-	남 인터넷 카페 회원 등급이 올라가 권한이 많아지는 것

댓글 달기

남	북	설명
리플 / 댓글	-	남 인터넷 글 밑에 다는 짧은 답변
악플	-	남 악의적 내용을 담아 쓴 댓글

업로드와 다운로드

남	북	설명
업로드 / 올리기	올리적재 / 올려 보내기	
다운(로드/받기) / 내려받기	내리적재 / 내리싣기 / 불러 내리기	

첨부 파일

남	북	설명
첨부 파일		인터넷 글에 덧붙여 올리는 파일
동영상	(동)화상	

에스엔에스

남	북	설명
에스엔에스(SNS)	-	남 인터넷으로 서로의 생각이나 정보를 주고받는 서비스
태그	꼬리표 / 타그	한 자료를 다른 것과 이어주는 키워드 남 태그를 달다

컴퓨터와 통신

네티즌

남	북	설명
네티즌	망시민	인터넷을 이용하고 활동하는 사람

» 휴대 전화

핸드폰

남	북	설명
핸드폰 / 휴대폰 / 휴대 전화	손전화 / 핸드폰	

핸드폰의 종류

남	북	설명
스마트폰	타치 / 지능형손전화기	남 갤럭시 아이폰 북 아리랑 평양타치
폴더(폰)	접이식 손전화	남 접었다 열었다 하는 휴대폰
슬라이드 폰	밀기식 손전화	
터치 폰	화면접촉수감식 손전화	

충전

남	북	설명
배터리 / 충전지	축전지 / 충전(전)지 / 바테리	
충전기		충전지에 전기를 넣어 주는 기기

버튼

남	북	설명
버튼 / 단추	단추	
별표		*
샵 / 우물 정	우물정자	#

문자와 이모티콘

남	북	설명
문자(메시지)	통보문	휴대 전화로 써서 보내는 짧은 글
이모티콘	감정표(현기호/현문자)	

문자의 종류

남	북	설명
엠엠에스(MMS)	-	남 에스엠에스 〈 엠엠에스 (길이 용량)
에스엠에스(SMS)	-	

전화벨

남	북	설명
전화벨	전화종 / 전화벨	
컬러링	-	남 음악이 나오는 통화 연결음

통화

남	북	설명
영상 통화 / 화상 통화	화상 통화	서로의 모습을 보면서 통화하는 것
콜렉트 콜	-	남 전화 받는 쪽에서 돈을 내는 통화
모닝콜	-	남 아침에 전화로 깨워 주는 일
끊다	끊다 / 놓다	남 전화를 끊다 북 전화를 끊다 / 놓다
부재		남 부재 중 전화 (받지 못한 전화)

앱

남	북	설명
앱 / 어플(리케이션)	응용쏘프트웨어 / 응용프로그람	남 앱을 깔다 / 설치하다

인터넷 사용

남	북	설명
와이파이	-	남 무료 인터넷 전파
데이터	-	남 유료 인터넷 전파 (데이터 요금)
로밍	-	남 해외에서도 국내에서와 같이 휴대 전화를 그대로 쓰는 서비스

부가 서비스와 요금제

남	북	설명
부가 서비스	-	남 통화 문자 외에 돈을 더 내고 받는 추가 서비스
요금제	-	남 다양한 방식의 전화 요금 제도 기본 / 커플 / 가족 요금제

전화 관련 기호

남	북	설명
티이엘(Tel)	-	남 전화번호
에이치피(HP)	-	남 휴대 전화 번호
에이아르에스(ARS)	-	남 자동 응답 전화

» 방송 프로그램

뉴스와 시사 교양

남	북	설명
뉴스	보도 / 뉴스	
시사 교양	시사해설	

드라마

남	북	설명
드라마	텔레비죤(련속)극	
연속극	련속방송극	
시리즈	련속	남 이어지는 내용으로 기획된 연속물 미니 시리즈

예능

남	북	설명
예능	-	남 시청자를 즐겁게 해 주는 쇼
코미디 / 개그	희극	
버라이어티 쇼	노래춤묶음	

광고

남	북	설명
광고 / 시에프(CF)	광고	

» 방송인

방송인

남	북	설명
방송인	-	남 방송 출연을 전문으로 하는 사람
연예인	예술인 / 배우	

출연료

남	북	설명
출연료 / 개런티	출연료	

스타

남	북	설명
스타	인민배우	남 인기가 있는 사람 북 인민들의 사랑을 받는 배우
매니저	-	남 유명인의 일정을 관리하는 사람
팬	-	남 유명인을 좋아하는 사람

오디션과 데뷔

남	북	설명
오디션	예술인 뽑기 / 선발	
콘테스트	경연	
데뷔	데뷰	

탤런트와 영화배우

남	북	설명
배우 / 탤런트	영화배우	남 드라마 연기자
(영화)배우		남 영화에 출연하는 배우

기타 연기자

남	북	설명
엑스트라 / 단역	단역 / 군중역 / 보조 출연자	
성우	배음사	남 방송에서 목소리로 연기하는 사람

코미디언

남	북	설명
개그맨 / 코미디언	희극배우 / 만담배우	남 남자
개그우먼 / 코미디언		남 여자

토크쇼 출연자

남	북	설명
엠시(MC) / 사회자 / 진행자	방송원	
게스트	출연자	

뉴스 진행자

남	북	설명
아나운서 / 앵커	(보도)방송원	남 뉴스를 진행하는 사람
리포터		남 탐방 내용을 보도하는 사람
(기상)캐스터	-	남 일기예보를 진행하는 사람

기타 방송인

남	북	설명
아이돌	-	남 젊은이에게 인기가 많은 20세 전후의 어린 연예인
*모델	*모델	남 옷을 입거나 상품을 보여 주며 선전하는 사람으로도 쓰임
디제이(DJ)	-	남 음악 프로그램을 진행하는 사람

» 방송 제작

방송 제작 장소

남	북	설명
스튜디오	스타디오 / 텔레비죤연주실	
공개 방송	방송야회 / 공개방송	

제작 과정

남	북	설명
리허설	시연(회)	사전에 실제 행사처럼 하는 연습
모니터링	-	남 실시간으로 점검하는 것
엔지(NG)	실수	잘못 연기해서 다시 찍어야 하는 것

내용

남	북	설명
시나리오 / 대본 / 각본	씨나리오 / 영화문학	
내용 / 콘텐츠	내용	

컴퓨터와 통신

촬영 기술

남	북	설명
클로즈업	부각 / 큰보임새	
줌 인		남 점점 다가가며 하는 촬영
줌 아웃	-	남 점점 멀어지며 하는 촬영

테이프

남	북	설명
녹음테이프	록음테프	
녹화 테이프	록화테프	
비디오테이프	비데오테프 / 비데오필림	

목소리 녹음

남	북	설명
내레이션	-	남 화면에 나오지 않고 장면을 목소리로 해설하는 사람
더빙	배음	

하이라이트

남	북	설명
하이라이트	-	남 주요 장면만 모아 편집한 것

연출

남	북	설명
감독 / 피디(PD) / 프로듀서 / 연출	연출(가)	
조연출	부연출 / 조연출	

스태프

남	북	설명
스태프 / 제작진	-	남 방송을 제작하는 사람들
코디(네이터)	분장사 / 분장미술가	

방송망

남	북	설명
네트워크 / 방송망	방송망	
채널	통로	
지상파 / 공중파	-	남 전파로 전송되는 기본 방송
종편 / 종합 편성 채널	-	남 지상파와 달리 가입한 가구만 시청 가능한 방송
케이블 / 유선	제삼(3) 방송 / 유선	선로로 전송되는 방송
위성 방송	위성자료방송	
인터넷 방송	-	남 인터넷으로 방송하는 것

라디오와 청취율

남	북	설명
라디오	라지오	
청취율	-	남 라디오를 듣는 비율

라디오 주파수

남	북	설명
에프엠(FM)	주파수변조	남 라디오 전파 송출 방식의 종류
에이엠(AM)	진폭변조	

» 언론

매체

남	북	설명
미디어 / (대중)매체	매체 / 선전수단	남 정치성 관계없음 북 정치성
매스컴	대중보도수단 / 매스콤	

컴퓨터와 통신

기사

남	북	설명
제목 / 타이틀	제목 / 표제 / 제호	
헤드라인 / 톱기사 / 머리기사	머리기사	
화제 / 토픽	화제 / 이야기거리 / 얘기거리 / 토피크	
(핫)이슈	관심사	남 이슈로 떠오르다
	쟁점	

스캔들

남	북	설명
스캔들 / 추문	추문	
	부화 사건	남 섹스 스캔들
폭로하다	폭로하다 / 까밝히다	

현장 조사

남	북	설명
인터뷰	회견 / 면담 / 인터뷰	
앙케이트 / 설문 조사	질문서	

논설과 칼럼

남	북	설명
논설위원	론설원	
칼럼	-	남 사회 현상을 평가하는 내용으로 신문 잡지 등에 싣는 짧은 글

기타

남	북	설명
왜곡	외곡	남 왜곡 보도
스크랩	스크래프 / 오려붙이기	

스포츠

올림픽

하계/동계 올림픽

남	북	설명
하계 올림픽	여름철올림픽	
동계 올림픽	겨울철올림픽	

행사

남	북	설명
매스 게임	집단체조	
카드 섹션	배경대	

스타디움

남	북	설명
스타디움 / (주) 경기장	경기장	남 관중석이 있는 큰 운동 경기장
필드		남 트랙 안에 있는 큰 운동장
트랙 / (경)주로	주로 / 경주선	

육상

남	북	설명
릴레이 / 이어달리기 / 계주	이어달리기 / 계주	
마라톤	마라손	
반환점	귀환점	

수영

남	북	설명
수영	헤염 / 수영	
다이빙	뛰여들기 / 다이빙	
싱크로나이즈드 스위밍 / 수중 발레	수중무용 / 수중발레 / 수중교예	
수영장 / 풀(장)	수영장	

수영 종목

남	북	설명
자유형 / 자유영	자유영 / 빼헤염	
배영	배영 / 누운헤염	
평영 / 개구리헤엄	평영 / 가슴헤염 / 개구리헤염	
접영	나비영 / 나비헤염	

체조

남	북	설명
평균대	평형대(운동)	
뜀틀	조마	
리듬 체조	예술체조	
공중회전	공중회전 / 허공돌기	

유도

남	북	설명
유도	유술 / 유도	
절반	반판	남 효과-유효-절반-한판 (판정 종류) 북 효과-유효-반판-한판

네트가 있는 구기 종목

남	북	설명
테니스	정구 / 테니스	남 정구 〈 테니스 (공의 딱딱함 정도)
정구		
배드민턴	바드민톤	

기타 구기 종목

남	북	설명
핸드볼	송구	
하키	호케이	

기타 하계 올림픽 종목

남	북	설명
양궁	활쏘기	
펜싱	격검	

스키와 스노보드

남	북	설명
스키	스키	
스노보드	-	남 넓은 판 1개를 두 발에 붙이고 눈 덮인 언덕을 내려오는 운동
리프트	(스키삭도)승강기	

스포츠

스케이트

남	북	설명
스케이트	스케트	
스피드 스케이팅	속도빙상경기	
피겨(스케이팅)	휘거(경기) / 빙상무용	
쇼트 트랙	짧은주로속도빙상경기	
아이스하키	빙상호케이	
아이스 링크	빙상관 / 빙상(경기)장	

» 여가 스포츠

스트레칭과 요가

남	북	설명
스트레칭	-	남 몸을 쭉 펴서 근육을 푸는 체조
요가		호흡과 자세를 가다듬어 하는 수행이나 운동

손쉽게 할 수 있는 운동

남	북	설명
달리기 / 조깅	달리기	건강을 위해 하는 달리기
줄넘기	줄넘기 / 줄뛰기	
턱걸이	현수(운동)	남 턱걸이 (기준에 겨우 미치는 것으로도 쓰임) 시험에 턱걸이로 겨우 합격했다

헬스와 에어로빅

남	북	설명
헬스	-	남 기구를 써서 몸을 만드는 운동
헬스클럽	-	남 헬스 기구를 갖추어 놓은 체육관
에어로빅	(대중)률동체조 / 미용체조	

스케이트

남	북	설명
롤러스케이트	로라스케트	
인라인스케이트		

수상 스포츠

남	북	설명
래프팅	-	남 계곡을 보트로 내려오는 스포츠
수상 스키	물스키 / 수상스키	

해양 스포츠

남	북	설명
서핑 / 파도타기	-	남 타원형의 판을 타고 파도 속을 빠져나가며 즐기는 운동
요트	요트 / 경기(용)돛배	
비치 발리볼	모래터배구	

기타

남	북	설명
레저 스포츠 / 레포츠	-	남 여가를 즐기려고 하는 운동
검도	격검 / 검도	
볼링	보링	

» 팀

선수단

남	북	설명
*팀	단체 / *팀 / 선수단	남 *팀 (함께 일하는 무리로도 쓰임)
구단		남 구기 운동을 하는 팀

감독과 코치

남	북	설명
감독 코치	지도원	남 코치 ≦ 감독 (지위)

선수

남	북	설명
에이스	기둥선수	
스타플레이어	공훈체육인	남 인기 운동선수 북 특별 공훈을 세운 체육 종사자
올스타	-	남 각 팀의 대표 선수를 모은 팀 올스타 경기
엠브이피(MVP) / 최우수 선수	최우수선수	
신기록 보유자	체육명수 / 신기록보유자	
백넘버 / 등 번호	등 번호	

국가 대표

남	북	설명
국가 대표	종합선수단	
선수촌	체육촌	남 선수들이 합숙하며 훈련하는 곳 태릉 국가 대표 선수촌

» 경기

규칙과 기술

남	북	설명
규칙 / 룰	(경기)규칙	
기술 / 테크닉	기술 / 테크니크	
(작전)타임	요구시간 / 타임(아우트)	

경쟁과 응원

남	북	설명
게임 / 경기 / 시합	경기 / 시합 / 껨	
라이벌	적수	
파이팅	-	남 사기를 북돋는 구호

리그

남	북	설명
리그 / 연맹전	련맹전	
랭킹 / 순위	차례 / 순위	

승리

남	북	설명
챔피언	우승자	
판정승	판정승 / 점수이김	

우승컵과 트로피

남	북	설명
트로피 / 우승컵	우승컵	남 입상자에게 주는 컵 모양 조형물
트로피	-	남 입상자에게 주는 작은 조형물

부진

남	북	설명
징크스	-	남 의지와 상관없이 반복되는 것처럼 느껴지는 불길한 일
슬럼프 / 부진 / 침체	침체(기) / 부진	

스포츠

» 축구

피파

남	북	설명
국제 축구 연맹 / 피파(FIFA)	국제축구련맹	

축구 포지션

남	북	설명
공격수	공격수	
미드필더	중간방어수	
수비수	방어수	
(골)키퍼	문지기 / (꼴)키퍼	

골

남	북	설명
슛	슛 / 차넣기	
헤딩슛	머리받아넣기	
골대	꼴(문)대	

패스

남	북	설명
패스	(공)련락 / 파스	
쇼트 패스	(공)련락 / 파스	남 짧은 패스
롱 패스	긴(공)련락	
어시스트 / 도움	보조 / 득점련락	

반칙 관련 킥

남	북	설명
프리 킥	벌차기 / 프리키크	
페널티 킥	십일(11)메터벌차기 / 페널티키크	

운동장 밖에서 차거나 던지는 것

남	북	설명
아웃	바깥(공) / 아우트	
코너킥 / 구석차기	구석차기 / 코너킥	
스로인	던져넣기, 스로우인	

기술

남	북	설명
드리블	몰기 / 드리블	
헤딩	머리받기 / 헤딩	
태클	공빼앗기	

반칙

남	북	설명
파울 / 반칙	반칙 / 파울	
휘슬	호각 / 호르래기	

경고와 퇴장

남	북	설명
옐로카드	노란딱지 / 경고표	
레드카드	빨간딱지 / 퇴장표	

야구

투수와 포수

남	북	설명
투수 / 피처	투수	
포수 / 캐처	포수	

내야수와 외야수

남	북	설명
내야수	-	남 베이스 안쪽을 지키는 수비수 일루수 이루수 삼루수 유격수
외야수	외야수 / 바깥구역방어수	남 베이스 바깥을 지키는 수비수 우익수 중견수 좌익수

공격수

남	북	설명
타자	타격수 / 타수	
주자	진격수	남 베이스에 나가 있는 공격수

도구

남	북	설명
글러브 / 장갑	장갑	
야구 방망이 / 배트	야구방망이	

베이스

남	북	설명
베이스	-	남 내야 네 귀퉁이에 있는 방석 모양의 물건
홈	본루 / 본진	
일(1)루	일(1)루 / 일(1)진	
이(2)루	이(2)루 / 이(2)진	
삼(3)루	삼(3)루 / 삼(3)진	

스트라이크와 볼

남	북	설명
스트라이크	정확한 공 / 스트라이크	
볼	부정확한 공	

아웃과 세이프

남	북	설명
세이프	세이프	
아웃	실격	

출루와 도루

남	북	설명
출루	-	남 안타 볼넷 등으로 타자가 베이스로 나가는 것
도루	-	남 수비가 느슨한 틈을 타서 주자가 다음 베이스까지 뛰어가는 일

안타와 홈런

남	북	설명
안타 / 히트	안전타(격)	남 히트를 치다 (큰 인기를 얻다)
홈런	-	남 타자가 친 공이 외야 담장을 넘어 한 번에 홈으로 들어오는 안타

기타 타격

남	북	설명
희생 플라이	-	남 외야로 친 공을 외야수가 잡아 타자는 아웃되지만 주자는 진루하거나 득점하는 것
번트	살짝타격 / 살짝치기	
병살타	-	남 타자 주자가 모두 아웃되는 타격
파울(볼)	경외공	남 친 공이 파울 선 밖에 떨어진 것

스포츠

» 기타 구기 용어

농구 점프

남	북	설명
점프 볼	잠프볼 / 심판공 / 조약공	
점프력	조약력	

농구 슛

남	북	설명
삼(3)점슛	-	남 한 번에 3점을 얻는 먼 거리 슛
덩크 슛	꽂아넣기	
자유투 / 프리스로	벌넣기	

배구 시설

남	북	설명
네트 / 그물	그물 / 네트	
안테나	한계선표식대	

배구 공격

남	북	설명
스파이크	(순간)타격 / (순간공)때리기 / 순간때리기 / 치기	
페인트	살짝공 / 속임동작	

서브와 리시브

남	북	설명
서브 / 서비스	쳐넣기 / 써브	
리시브	받아치기	

드라이브와 스매싱

남	북	설명
드라이브	드라이브 / 걸어치기 / 감아치기	
스매싱 / 스매시	강타 / 때려치기 / 때려넣기	

라켓

남	북	설명
라켓 / 채	채 / 라케트	

여가

공연

극

남	북	설명
뮤지컬	가극(이야기)	
오페라	가극	
발레	발레(무용) / 발레춤	

음악회

남	북	설명
콘서트 / 음악회 / 연주회	음악회 / 연주회	남 악기를 연주하는 음악회
콘서트 / 음악회	음악회	남 노래를 부르는 음악회

쇼

남	북	설명
마술 / 마법 / 요술	요술	
서커스	교예(예술)	

공연 시설

남	북	설명
*극장	*극장	남 공연 + 영화관 북 공연
콘서트홀	음악당	
클럽	-	남 록 등을 연주하는 작은 공연장

광고

남	북	설명
*포스터	선전화 / 광고지	남 *포스터 (정치성 관계없음) 북 *포스터 (정치성)
팸플릿 / 소책자	소책자	

표 사기

남	북	설명
예매		남 표를 미리 마련하는 것
표 / 티켓 / 입장권	표 / 입장권	

기타

남	북	설명
캐스팅 / 배역	배역	
라이브	-	남 현장에서 직접 하는 노래나 연주
앙코르	*재청	남 *재청 (회의 용어) 북 *재청 (공연을 한 번 더 청하는 것)

» 영화와 문학

장르

남	북	설명
드라마	극 / 드라마	
*로맨스 / 멜로	*로맨스	남 *로맨스 (남녀의 사랑을 다룬 영화로도 쓰임)
에로	황색편	
액션	-	남 동작이 격렬한 영화
공포 / 호러	공포	
애니메이션 / 만화 영화	만화영화	
판타지 / 환상	환상	
에스에프(SF)	-	남 공상 과학 영화
코믹 / 코미디	희극 / 코메디	
다큐멘터리	기록영화	

여가

결말

남	북	설명
해피 엔딩	-	남 행복하게 끝나는 것
새드 엔딩	-	남 슬프게 끝나는 것

영화 시사회

남	북	설명
영화 / 무비	영화	
시사회	시사회 / 시사모임	
영화관 / *극장 / 시네마	영화관	남 *극장 (공연 + 영화관) 북 *극장 (공연)

문학 장르

남	북	설명
기록 문학	서사문학	
꽁트	벽소설	남 꽁트 (정치성 관계없음) 북 벽소설 (정치성)
에피소드 / 일화	일화	

프롤로그와 에필로그

남	북	설명
프롤로그	머리이야기	
에필로그	뒤이야기 / 맺음이야기	

» 음악

음악과 소리

남	북	설명
음악 / 뮤직	음악	
소리 / 사운드	소리	

음반

남	북	설명
음반 / 앨범	-	남 가수가 묶어서 내놓는 노래들
카세트(테이프)	카세트(테프)	
레코드판	레코드(판) / 소리판 / 축음기판	

가요와 유행가

남	북	설명
(대중)가요	군중가요 / 대중가요	
유행가	류행가(곡)	

가요 장르

남	북	설명
트로트	계몽기 가요	
*발라드	-	남 사랑을 주제로 한 감상적인 노래 북 전설적, 환상적인 내용의 성악곡
*댄스	*단스	남 춤추며 부르는 가요로도 쓰임
록	로크(음악)	
케이(K)팝	-	남 외국에서 유행하는 남측 가요

오에스티

남	북	설명
오에스티(OST)	-	남 드라마나 영화의 배경 음악

서양 가요

남	북	설명
팝(송)	-	남 서양의 대중가요
포크(송)	-	남 미국의 민요풍 노래

여가

서양 전통 음악

남	북	설명
클래식 / 고전(음악)	고전(음악) / 클라씨크	
캐럴	-	남 크리스마스를 맞아 부르는 노래

흑인 음악

남	북	설명
힙합	-	남 미국 흑인이 리듬, 춤을 강조하며 부르는 노래
랩	-	남 강하고 반복적인 리듬으로 가사를 읊는 노래
아르앤드비(R&B)	-	남 미국 흑인이 가성을 섞어 나른한 느낌으로 부르는 노래
재즈	쟈즈	

전통 음악

남	북	설명
국악	조선음악 / 민족음악 / 국악	
사물놀이	-	남 꽹과리 징 장구 북을 연주하는 놀이

클래식 악기

남	북	설명
현악기 / 줄악기	현악기 / (활)줄악기	
콘트라베이스 / 더블 베이스	콘트라바스	
심벌즈	* (자)바라 / *제금 / 씸발	남 * (자)바라 / *제금 (불교 악기)

피아노

남	북	설명
피아니스트	피아노연주가 / 피아니스트 / 피아노수	
*조율	*조률 / 소리맞추기	남 *조율 (문제 상황을 조정하는 것으로도 쓰임)

미술

아트

남	북	설명
예술 / 아트	예술	
미술 / 아트	미술	

전통 그림

남	북	설명
한국화	조선화	
산수화	산수화 / 산수도	

판화

남	북	설명
목판화	목판화 / 나무판화	
석판화	석판화 / 돌판화	

기타 작품

남	북	설명
*모자이크	*모자이크	남 사진이나 화면에서 특정 부위를 잘 안 보이게 하는 처리로도 쓰임
누드	라체 / 알몸	
	-	남 사람의 벗은 몸을 소재로 한 작품
흉상	가슴상 / 흉상	

여가

» 여행

관광객과 가이드

남	북	설명
관광객	관광객 / 관광자	
가이드	안내원	

배낭여행

남	북	설명
배낭여행	-	남 필요한 여러 물품을 배낭에 넣고 자유롭게 다니는 여행
가이드북	안내서	

비싼 숙소

남	북	설명
호텔	호텔 / *려관	북 *려관 (고급 숙소로도 쓰임)
영빈관	초대소 / 영빈관	
리조트	휴양소	
콘도	-	남 분양한 방을 쓰지 않을 때는 남에게 빌려주는 호텔
펜션	-	남 집 한 채를 빌려 쓰는 고급 숙소

싼 숙소

남	북	설명
모텔	*려관	남 호텔보다 싼 숙소 북 *려관 (고급 숙소로도 쓰임)
*여관		남 작고 영세한 숙박 업소
게스트 하우스	-	남 주로 배낭여행 때 묵는 싼 숙소
민박	-	남 돈을 내고 가정집에서 묵는 것

숙박업 종사자

남	북	설명
매니저 / 지배인	지배인	남 호텔, 레스토랑의 대리 관리자
팁	-	남 서비스에 대한 감사 표시로 정한 금액 외에 더 주는 돈

캠핑

남	북	설명
캠핑 / 야영	야영	
텐트	천막	남 여행용 천막
*버너	*버너	남 야외 취사에 쓰는 휴대용 가열 기구 북 불꽃을 얻는 가열 기구의 끝 부분

카메라

남	북	설명
(비디오)카메라 / 캠코더	촬영기 / 카메라	
디지털카메라	수자식사진기	
필름	필림	
앨범 / 사진첩	사진첩	

사우나와 스파

남	북	설명
공중목욕탕 / 대중(목욕)탕	대중(목욕)탕 / 공동목욕탕	
스파	-	남 물 마사지로 스트레스를 푸는 곳

마사지

남	북	설명
마사지 / 안마	안마 / 두드리기 / 마싸지	
주무르다	주무르다 / 주물다	

여가

산책

남	북	설명
산책로	유보도	
벤치	벤취 / 야외걸상	

» 놀이와 구경

놀이공원

남	북	설명
놀이공원 / 놀이동산	유희장	
표 / 티켓 / 관람권	관람권 / 구경표	

놀이기구

남	북	설명
롤러코스터	관성렬차	
바이킹	배그네	
회전목마	회전말 / 회전목마	

물놀이

남	북	설명
워터 파크	물놀이장 / 물놀이터	
튜브	쥬브	

구경

남	북	설명
*탑	*탑	남 높고 뾰족하게 세운 건축물
타워		남 탑처럼 높게 만들어 관광객이 들어가서 구경하는 건물 남산 서울 타워
케이블카	케블카	
축제 / 페스티벌	축전 / 축제	

» 친목과 놀이

동호회

남	북	설명
동호회	소조 / *써클	남 사이클 / 마라톤 동호회 북 *써클 (작은 공연으로도 쓰임)
가입 / 입회	가입 / *가맹	남 *가맹 (격식적으로 쓰임) 가맹점 가맹국 북 *가맹 (자주 쓰임)

노인정

남	북	설명
노인정 / 경로당	로인휴식터	

이벤트

남	북	설명
*이벤트	-	남 특별 행사 북 체육 경기
파티	잔치	남 사교와 친목 목적의 작은 행사
잔치		남 경사스러운 때 여는 큰 행사
레크리에이션	오락(회) / 유희	

컴퓨터 게임

남	북	설명
컴퓨터 게임	전자오락 / (콤퓨터)게임	
온라인 게임	(직결)게임	

퀴즈

남	북	설명
퀴즈	*알아맞추기	남 *알아맞히기
난센스	넌센스 / 비상식	남 난센스 퀴즈
힌트 / 귀띔 / 단서	단서 / 귀띔 / 힌트	

가위바위보와 묵찌빠

남	북	설명
가위바위보	가위주먹 / 돌가(위)보 / 주먹가위	
묵찌빠	꾸찌빠	
가위 / 찌	가위	
바위 / 묵	주먹 / 돌	
보(자기) / 빠	보(자기)	

놀이

남	북	설명
물구나무(서기)	거꾸로서기	
숨바꼭질 / 술래잡기	숨박곡질 / 술래잡기 / 술래잡이	

» 유흥과 도박

유흥 업소

남	북	설명
노래방	화면반주(음악)실	
나이트(클럽) / 클럽	-	남 많은 사람이 춤추고 술 마시며 대화하는 유흥업소
단란 주점	-	남 노래를 즐기며 술을 마시는 가게
룸살롱	-	남 방에서 양주나 맥주를 마시는 고급 술집

네온사인

남	북	설명
네온(사인/등)	네온(등/싸인/장식)	

도박

남	북	설명
고스톱 / 화투	화투	
트럼프	주패	
주사의	주사위 / 수자팽이	
*카지노	*카지노	북 춤과 음악을 감상하는 식당으로도 쓰임

로또

남	북	설명
로또	-	남 자신이 적은 번호와 발표된 번호가 맞으면 돈을 받는 복권

여가

개인과 인간관계

» 탄생과 죽음

임신

남	북	설명
시험관 아기	-	남 시험관에서 수정시킨 아기
입덧	입쓰리 / 입덧	

출산

남	북	설명
출산 / 분만 / 해산	해산 / 몸풀이 / 분만 / 출산	
제왕 절개	자궁절개	
생일	생일 / 난날	

미숙아

남	북	설명
미숙아	달못찬아이	
인큐베이터	보육기	

미혼모

남	북	설명
미혼모	-	남 결혼하지 않고 아이를 낳은 여자

육아와 성장

남	북	설명
옹알이	옹아리	
장난감 / 완구 / *놀잇감	장난감 / *놀이감 / 완구	[남] *놀잇감 (아동 교육에 쓰이는 물건으로도 쓰임)
돌	돌	[북] 태어난 후 한 해가 되는 날
	돐	[북] 어떤 날로부터 한 해가 되는 날

장례식장

남	북	설명
장례식장	-	[남] 주로 장례식장에서 장례를 치름 [북] 주로 집에서 장례를 치름
영안실	-	[남] 장례식장에서 위패를 모셔두고 조문을 받는 방
*영정	-	[남] 장례나 제사 때 쓰는 얼굴 사진 [북] 그려 붙인 그림
부의금		

납골당

남	북	설명
납골당	유골보관실 / 유골보관소	불에 태운 유골을 모시는 곳

» 연애

싱글

남	북	설명
솔로 / 싱글 / 독신 / 미혼	독신	
노처녀 / 올드미스	로처녀	
노총각	로총각	

미팅과 소개팅

남	북	설명
미팅	-	남 남녀가 교제하려고 여럿이 함께 만나는 것
소개팅	소개	남 다른 사람 소개로 남녀가 일대일로 만나는 것

대시

남	북	설명
대시	-	남 이성에게 다가가 좋아하는 감정을 적극적으로 표현하는 것

연인

남	북	설명
커플 / 연인	련인 / 한쌍	
남자 친구 / 남친 / 애인	애인	
여자 친구 / 여친 / 애인		

커플 상품

남	북	설명
커플 룩	-	남 연인이 함께하는 같은 모양의 옷이나 치장거리
커플 링	-	남 연인이 함께 끼는 같은 모양의 반지
커플 티	-	남 연인이 함께 입는 같은 모양의 티셔츠

연애와 사랑

남	북	설명
데이트	산보	
사랑 / 러브	사랑	
*낭만	-	남 *낭만 (감상적 상태나 분위기) 낭만적인 연애 북 *랑만 (훌륭한 미래를 지향하는 상태) 혁명적 랑만
텔레파시	-	남 마음과 마음이 서로 통하는 것 텔레파시가 통하다
프러포즈 / 구혼 / 청혼	청혼 / 구혼 / 프로포즈	

결혼

연애결혼

남	북	설명
연애결혼	련애결혼 / 자유결혼	

결혼식

남	북	설명
예식장 / 결혼식장	결혼식장	
폐백	삼(3)일인사	
피로연	잔치상 / 피로연	

신부

남	북	설명
웨딩드레스	첫날옷	
부케	-	남 결혼식 때 신부가 드는 꽃

하객

남	북	설명
청첩(장)	초대장	
하객	(결혼식) 손님	
*방명록	*방명록	남 개인 행사에도 쓰임
축의금 / 부조(금) / 부주(금)	부조(금)	

결혼을 돕는 사람

남	북	설명
웨딩 플래너	-	남 결혼 준비와 진행을 돕는 사람
들러리	둘러리	

분가

남	북	설명
분가하다	분가하다 / 세간을 나다	

» 가족 용어

남편과 아내

남	북	설명
남편 / 바깥양반	남편 / 세대주 / (바깥)주인 / 바깥량반	
아내 / 와이프 / 집사람 / 처 / 안사람	안해 / 처 / 집사람	

부부가 서로를 부를 때

남	북	설명
*여보	*여보	북 또래 남자들 사이에서도 자주 씀
이름 + 씨 / 자기	성씨 / 이름+동무	젊은 부부가 서로를 부를 때 남 지형 씨 / 자기야 북 정 동무 / 지형 동무
임자	로친네	나이 들어 아내를 부를 때

부모

남	북	설명
부모 / *어버이	부모 / *어버이	북 *어버이 (최고 지도자로도 쓰임)
*아빠	*아빠	남 젊은 어른들도 씀
엄마		

계부와 계모

남	북	설명
새아빠 / 새아버지 / 계부 / 의붓아버지	이붓아버지 / 계부	
새엄마 / 새어머니 / 계모 / 의붓어머니	이붓어머니 / 계모	

손주

남	북	설명
손주	*손자 / 손주 / 두벌자식	남 *손자 (남자 손주)

누나와 여동생을 부를 때

남	북	설명
누나 / 누님	*누이 / 누님 / 누나	북 *누이 (손위 여자 동기를 부를 때도 씀)
ㅇㅇ(이름) / *동생	ㅇㅇ(이름)	여자 동생을 부를 때 남 *동생 (부르는 말로도 쓰임)

» 친척 용어

작은아빠와 작은엄마

남	북	설명
작은아빠 / 작은아버지 / 숙부	작은아버지 / 숙부 / *삼촌	남 *삼촌 (결혼하기 전에 호칭 지칭으로 쓰임)
작은엄마 / 작은어머니 / 숙모	작은엄마 / 숙모 / 작은어머니 / 삼촌어머니	

큰고모와 큰고모부

남	북	설명
큰고모	*큰어머니	남 *큰어머니 (큰아버지의 아내)
큰고모부	*큰아버지	남 *큰아버지 (아버지의 형)

외삼촌과 외숙모

남	북	설명
외삼촌 / 외숙(부)	외삼촌	
외숙모	외삼촌어머니 / 외숙모	

큰이모와 큰이모부

남	북	설명
큰이모	*큰어머니	남 *큰어머니 (큰아버지의 아내)
큰이모부	*큰아버지	남 *큰아버지 (아버지의 형)

고종사촌과 이종사촌

남	북	설명
고종(사촌)	고모사촌	
이종(사촌)	이모사촌	

» 결혼 후 용어

시집과 처가

남	북	설명
시집 / 시댁	시집 / 시댁 / 시켠	
처갓집 / 처가	처가(집) / 가시집	

며느리와 사위를 부를 때

남	북	설명
(새)아가	며늘애	며느리를 부를 때
성씨 + 서방	*임자	사위를 부를 때 북 *임자 (젊은이를 부를 때 두루 씀)

장인과 장모를 부를 때

남	북	설명
장인어른	가시아버지 / 장인(어른)	
장모님	가시어머니 / 장모(님)	

아내 여동생의 남편을 부를 때

남	북	설명
동서 / 성씨 + 서방	동생 / 동서	

남편의 남동생을 부를 때

남	북	설명
도련님	적은이	남 남편의 미혼 남동생을 부를 때
서방님		남 남편의 기혼 남동생을 부를 때

남편의 누나 부부를 부를 때

남	북	설명
형님	형님 / *누이	남편의 누나를 부를 때 북 *누이 (손위 여자 동기를 부를 때도 씀)
아주버님	*아저씨	남편 누나의 남편을 부를 때 남 *아저씨 (일반 남자 어른)

남편의 여동생 부부를 부를 때

남	북	설명
아가씨	누이 / 동생	남편 여동생을 부를 때
서방님	*아저씨	남편 여동생의 남편을 부를 때 남 *아저씨 (일반 남자 어른)

사위나 며느리의 미혼 여자 동기를 부를 때

남	북	설명
사돈처녀 / 사돈아가씨	사돈처녀	

» 동기의 배우자

남자가 남자 동기의 아내를 부를 때

남	북	설명
형수님 / 아주머니 / 아주머님		남자가 형의 아내를 부를 때
제수씨	제수(님) / 아주머니	남자가 남동생의 아내를 부를 때

남자가 여자 동기의 남편을 부를 때

남	북	설명
매형	형님 / 매형	남자가 누나의 남편을 부를 때
성씨 + 서방 / 매제 / 매부	매부	남자가 여동생의 남편을 부를 때

여자가 남자 동기의 아내를 부를 때

남	북	설명
(새)언니	형님	여자가 오빠의 아내를 부를 때
올케	올케 / 오레미	여자가 남동생의 아내를 부를 때

여자가 여자 동기의 남편을 부를 때

남	북	설명
형부	*아저씨 / 형부(님)	여자가 언니의 남편을 부를 때 남 *아저씨 (일반 남자 어른)
성씨 + 서방 / 제부	아이 이름 + 이모부 조카 이름 + 아버지	여자가 여동생의 남편을 부를 때

» 인간관계

관계 맺기

남	북	설명
서로 / 상호	서로 / 호상	남 상호 간 북 호상간
돕다	돕다 / *방조하다	남 *방조하다 (부정적) 북 *방조하다 (부정적인 뜻 없음)
상대하다	대상하다 / 상대하다	

에티켓

남	북	설명
예(의범)절 / 예의 / 에티켓	례의(범절) / 례절	
사생활 / 프라이버시	사생활 / 개체생활	

친구

남	북	설명
소꿉친구	송아지동무 / 소꿉동무 / 소꿉친구 / 송아지친구	
단짝 (친구) / 절친	딱친구 / 단짝(친구)	
룸메(이트)	-	남 방을 함께 쓰는 사람

윗사람

남	북	설명
윗사람	웃사람	
뵈다	뵈(우)다	
은혜	은혜 / 은정	
카네이션	카네숀	남 부모, 선생님께 감사 표시로 드림

새해 인사

남	북	설명
새해 복 많이 받으십시오	새해를 축하합니다 / 새해 복 많이 받으십시오	

선물

남	북	설명
*선물	*선물	북 주로 높은 사람에게 주는 것
	*기념품	남 *기념품 (무엇을 기념하여 주거나 사는 것) 북 *기념품 (서로 편하게 주고받는 것)
*카드	*카드	남 글을 적어 보내는 장식된 종이로도 쓰임

신체 관계

남	북	설명
스킨십	-	남 피부를 접촉해서 하는 애정 표현
*애무	*애무	남 이성끼리 어루만지는 것 북 귀여워해 어루만지는 것
섹스 / 성행위 / 성관계 / 성교	성교 / 성관계	

부정적 관계

남	북	설명
원수	원쑤	
트러블 / 문제	문제 / 말썽	
바람 / 불륜 / 간통 / 간음	부화 / 간음 / 간통	

힘으로 누르는 것

남	북	설명
힘 / 권력 / 파워	힘 / 권력	
으박지르다	욱박지르다	
업신여기다	업수이여기다 / 업수이보다 / 숙보다 / 숫보다 / 업신여기다	

남을 못살게 구는 것

남	북	설명
닦달	닥달	
해코지	남잡이	
농간	롱간 / 작간	
루머 / 뜬소문 / 유언비어	뜬소문 / 뜬소리 / 류언비어	

» 사회에서의 호칭과 지칭

얘 걔 쟤

남	북	설명
얘	얘 / *야	
걔	걔 / *갸	남 *야 / *갸 / *자 (지역어)
쟤	쟤 / *자	

그와 그녀

남	북	설명
*그	*그	남 *그 (주로 남자)
그녀	그(녀)	북 *그 (남녀 구분 없음)

씨와 님

남	북	설명
씨	동무	남 예지 씨 북 예지 동무
-님	동지	남 부장님 북 부장 동지

선생님

남	북	설명
*선생님	*선생님	남 남을 높여 부를 때 자주 씀 북 존경받는 사람에게만 한정하여 씀

꼬맹이

남	북	설명
꼬맹이	(조)꼬맹이 쪼꼬맹이	북 조꼬맹이 〈 쪼꼬맹이 (정도)

아가씨와 아줌마

남	북	설명
아가씨	처녀 / 아가씨	
아줌마 / 아주머니	아지미 / 아주머니	

노인

남	북	설명
노인	로인 / *늙은이	남 *늙은이 (낮추는 말) 북 *늙은이 (조금 높이는 말)
어르신	어르신(네) / 어른네	
실버	-	남 노인을 뜻하는 말 (실버산업)

» 외모

얼짱 몸짱

남	북	설명
얼짱	-	남 얼굴이 예쁘거나 멋진 사람
몸짱	-	남 몸매가 예쁘거나 멋진 사람

살이 찌고 빠지는 것

남	북	설명
*찌다	나다	북 몸이 나다 (사람)
	*찌다	남 살이 찌다 (동물 + 사람) 북 살이 찌다 (동물)
빠지다	빠지다	
	*까다	북 몸이 까다
*야위다	*야위다	북 가난하고 구차하다로도 쓰임

다이어트

남	북	설명
다이어트	몸까기	

매력

남	북	설명
이쁘다 / 예쁘다	*곱다 / 이쁘다	남 *곱다 (잘 쓰지 않음) 북 이쁘다 〈 예쁘다 (정도)
	예쁘다	
섹시하다	-	남 성적 매력이 있다

기타

남	북	설명
*튀기 / 트기	트기	북 *튀기 (튀김)
키다리 / 꺽다리	키(꺽)다리	
허스키하다	석쉼하다 / 쎅쎅하다	
우스꽝스럽다	우습강스럽다	

» 품행

타입과 인상

남	북	설명
유형 / 타입	류형 / 타이프	
이미지 / 인상	인상	

신사

남	북	설명
매너	례의(범절)	[남] 매너가 좋다
샤프하다	-	[남] 생각과 행동이 명석하고 깔끔하다
남자답다	남자답다 남자싸다	[북] 남자답다 〈 남자싸다 (정도)
사내답다	사내답다 사내싸다	[북] 사내답다 〈 사내싸다 (정도)

숙녀

남	북	설명
*곱다	*곱다	[남] 젊은 사람끼리 잘 안 씀
*차분하다	*차분하다	[북] 부풀거나 거칠지 않다로도 쓰임
*깜찍하다	*깜찍하다	[남] 주로 귀엽다로 쓰임 [북] 주로 앙큼하다로 쓰임
감수성	감수성 / 감수력	

올바름

남	북	설명
솔선수범	이신작칙 / 솔선시범 / 솔선수범	
올바르다 / 똑바르다	옳바르다 / 똑바르다	

당당함

남	북	설명
야무지다	오돌지다 / 오달지다 / 야무지다	[북] 오돌지다 〈 오돌차다 (정도)
	오돌차다 / 오달차다	
*맹랑하다	*맹랑하다	[북] 허망하다로도 쓰임

유머와 수다

남	북	설명
유머	유모아 / 익살	
농(담)	롱(담) / 롱말	
수다스럽다	수다스럽다 / *다사스럽다	[남] *다사스럽다 (일이 많다)

개구쟁이와 말괄량이

남	북	설명
개구쟁이 / 장난꾸러기	장난꾸러기 / 개구쟁이	
말괄량이	말괄량이 / 말괄랭이	
*짓궂다	*지꿎다	[남] 장난으로 귀찮게 하는 데가 있다 [북] 귀찮고 고집스레 구는 데가 있다

지나친 행동

남	북	설명
오버(액션)	-	[남] 과장되고 지나친 행동
*극성	*극성	[남] 부정적 (지나치게 적극적인 것) [북] 상황에 따라 다르게 쓰임
거칠다 / 터프하다	거칠다	

못된 성격

남	북	설명
약삭빠르다	약삭바르다	
싸가지 없다 / 싹수없다	도덕 없다	

콤플렉스

남	북	설명
콤플렉스 / 강박 관념	강박관념	
콤플렉스 / 열등감	렬등감	

거짓말

남	북	설명
거짓말	거짓말 / 꽝포	
거짓말쟁이	거짓말쟁이 / 꽝포쟁이	
허풍쟁이	꽝포쟁이 / 허풍쟁이	
속임수	속임수 / 오그랑수	

스토커와 변태

남	북	설명
스토커	-	남 좋아하는 사람을 병적으로 쫓아다니는 사람
*변태	*변태	남 이상한 성적 행동을 하는 사람 북 정상이 아니게 달라진 사람

부정적 인물

남	북	설명
바보	미시리 / 바보	
쪼다	-	남 어리석고 모자란 사람을 속되게 이르는 말
팔푼이	-	남 어리석고 야무지지 못한 사람을 낮잡는 말
마마보이	치마아이	
심술꾸러기 / 심술쟁이	심술쟁이 / 심술꾸러기 / 심술군 / 심술데기	

기타

남	북	설명
까다롭다	까다롭다 / 말째다	
*부대끼다	*부대끼다	남 속이 쓰리거나 아프다로도 쓰임
*썰렁하다	*썰렁하다	남 재미없는 이야기로 분위기가 어색하다로도 쓰임 (썰렁한 사람)

의류

옷 종류와 패션

맞춤옷

남	북	설명
맞춤옷	-	남 개인의 몸에 맞춰 따로 지은 옷

한복과 양복

남	북	설명
한복	조선옷	
*양복	*양복	남 남자가 입음 북 남녀가 입음

유니폼

남	북	설명
유니폼 / 단체복	단체복 / 단체옷	
유니폼 / 정복 / 제복	정복 / 제복	

정장

남	북	설명
정장 / *양복	*양복 / 정장	남 *양복 (남자가 입음) 북 *양복 (남녀가 입음)
정장		

여성복

남	북	설명
드레스	도레스 / 나리옷	
원피스	원피스 / 달린옷	
투피스	투피스 / 나뉜옷	

아동복

남	북	설명
아동복	아동복 / 어린이옷	

캐주얼

남	북	설명
캐주얼 / 평상복	평(상)복	

아웃도어

남	북	설명
아웃도어	-	남 밖에서 운동할 때 입는 옷과 장비
추리닝 / 체육복 / 트레이닝복 / 운동복	체육복 / 단복 / 운동복	

비키니

<table>
<tr><th>남</th><th>북</th><th>설명</th></tr>
<tr><td colspan="2">비키니</td><td>아래위가 나뉜 여자 수영복</td></tr>
</table>

속옷

<table>
<tr><th>남</th><th>북</th><th>설명</th></tr>
<tr><td>속옷 / 내의</td><td rowspan="2">(속)내의 / 속옷 / 속내복</td><td></td></tr>
<tr><td>속옷 / 내의 / 란제리</td><td>남 여성용 속옷</td></tr>
</table>

윗도리와 아랫도리

남	북	설명
윗도리 / 상의 / 윗옷 / 웃통	웃통 / *웃옷 / 웃동 / 상의	남 *웃옷 (겉옷)
아랫도리 / 하의 / 아래옷	아래도리(옷) / 아래옷 / 하의	

옷 사이즈

남	북	설명
사이즈 / 크기 / 호수 / 치수	호수 / 싸이즈	북 옷의 크기
	문수	북 양말이나 신발의 크기
프리 사이즈	-	남 모든 체형을 아우르는 치수
타이트	-	남 꽉 끼는 것

패션

남	북	설명
패션	-	남 옷이나 머리의 일정한 모양
코디	-	남 외모를 꾸미는 일
스타일	모양새 / 몸맵시 / 스타일	
핏	-	남 옷이 몸에 맞는 모양
빈티지	-	남 오래된 것에서 느껴지는 멋
유행 / 트랜드	류행	

» 윗도리

갖추어 입는 윗도리

남	북	설명
와이셔츠	와이샤쯔	
블라우스	브라우스	

평상복으로 입는 윗도리

남	북	설명
남방(셔츠) / 셔츠	샤쯔	
폴라	도꾸리	북 반도꾸리 〈 도꾸리 (목 길이)
	반도꾸리	

목깃

남	북	설명
칼라 / (옷/목)깃	목달개 / (옷/목)깃 / 받이	

두껍게 입는 윗도리

남	북	설명
니트	뜨개옷	
스웨터	세타	

편하게 입는 윗도리

남	북	설명
나시 (티) / 민소매	-	남 소매가 없는 윗도리
티(셔츠)	티샤쯔	
후드 티	고깔	

윗도리 사이즈

남	북	설명
엑스(X) 스몰	-	남 XS (가장 작은 사이즈)
스몰	소	남 S
미디엄	중	남 M
라지	대	남 L
엑스(X) 라지	특대	남 XL

아랫도리

진

남	북	설명
청바지		질긴 천으로 만든 푸른색 바지
스키니 진	뺑때바지 / 땡빼바지	

기타 긴바지

남	북	설명
고리바지	걸개바지	
멜빵바지	멜끈바지 / 멜빵바지	

짧은 바지

남	북	설명
칠부바지		기장이 정강이까지 내려오는 바지
반바지	반바지 / 짧은바지 / 무릎바지	

치마

남	북	설명
치마 / 스커트	(양복)치마 / 스카트	
주름치마	주름치마	
	양산치마	북 아래가 양산처럼 퍼지는 주름치마

긴치마와 짧은 치마

남	북	설명
롱스커트 / 긴치마	스카트 / 긴치마	
미니스커트 / 짧은 치마	동강치마 / 짧은치마 / 무릎치마	북 치맛단이 무릎에 오는 짧은 치마

» 겉옷

카디건과 재킷

남	북	설명
카디건 재킷	쟈케트	남 카디건 위에 재킷을 입을 수 있음

잠바

남	북	설명
잠바 / 점퍼	외투 / 잠바	
패딩 / 파카	외투 / 누빈 옷	

코트

남	북	설명
트렌치코트 / 바바리(코트)	-	남 봄가을에 입는 얇고 긴 코트
롱 코트	코트	무릎까지 내려오는 긴 코트
반코트	외투 / 반코트	허벅지까지 내려오는 코트

» 속옷과 스타킹

속옷 윗도리

남	북	설명
브래지어 / 브라	가슴띠	
러닝(셔츠) / *메리야스	런닝(그) / 런닝샤쯔 / 스프링	남 *메리야스 (속옷) 북 *메리야스 (천 이름)

의류

팬티

남	북	설명
팬티	빤쯔	
삼각팬티		남 사타구니까지 덮는 짧은 팬티
사각팬티		남 허벅지까지 덮는 긴 팬티
사각팬티 / *트렁크		남 *트렁크 (헐렁한 사각팬티로도 씀)

스타킹

남	북	설명
스타킹	살양말 / 긴양말	
발목스타킹	-	남 발목까지 오는 스타킹
판탈롱 스타킹	-	남 무릎까지 오는 스타킹
밴드스타킹	-	남 허벅지까지 오는 스타킹
팬티스타킹	양말바지	
레깅스	-	남 신축성이 좋고 몸에 달라붙는 보온용 바지

» 신발

구두

남	북	설명
*단화	*단화	남 남녀가 신음 북 남자가 신음
(하이)힐 / 뾰족구두	뾰족구두 / 하이힐	

부츠

남	북	설명
(롱)부츠	왈렌끼	
앵클부츠	발목구두	

샌들

남	북	설명
샌들	싼다루	

실내화

남	북	설명
*실내화	*실내화	남 실내에서 신는 신발 북 실내 슬리퍼
슬리퍼	방신 / 끌신	

» 가방

가벼운 가방

남	북	설명
서류 가방 / 브리프케이스	서류가방	
크로스 백	멜가방	남 어깨에서 반대 허리로 메는 가방

여행용 가방

남	북	설명
배낭 / 백팩	배낭	
캐리어	-	남 바퀴로 굴리는 여행용 가방

핸드백

남	북	설명
핸드백 / 클러치(백)	손가방 / 핸드빽	남 작아서 옆구리에 끼는 여자 가방
핸드백 / 토트백		남 짧은 손잡이가 달린 여자 가방
핸드백 / 숄더백	멜가방	남 한쪽 어깨에 메는 여자 가방

» 잡화

햇빛을 가리는 것

남	북	설명
선글라스 / 색안경	색안경	
선 캡	-	남 챙이 넓어서 햇빛을 가리는 모자
야구 모자 / 캡	야구 모자 / 캡	남 야구 모자 〈 선 캡 (챙의 크기)

목에 두르는 것

남	북	설명
목도리 / 마후라 / 머플러	목도리 / 마후라 / 목수건	남 주로 추위를 막기 위해 두름
스카프	목도리 / 마후라 / 목수건	남 주로 멋을 내기 위해 두름

방한용 잡화

남	북	설명
귀마개	귀덮개 / *귀걸이	북 *귀걸이 (귀를 덮는 방한용 잡화로도 쓰임)
장갑	(손)장갑 / 수갑	

기타

남	북	설명
(넥)타이	넥타이	
벨트 / 허리띠 / 혁대	혁띠 / 허리띠	

» 장신구

액세서리

남	북	설명
액세서리 / 장신구	장식품 / 장신구 / 치장품 / 치장거리	목걸이 팔찌 발찌
팔찌	팔찌 / 손목걸이 / 팔목걸이	
(머리)핀	(머리)빈침 / (머리)핀	

금과 은

남	북	설명
금 / 골드	금	
은 / 실버	은	

기타 귀금속

남	북	설명
주얼리 / 보석	보석	
다이아몬드	금강석 / 다이아몬드	

보석의 크기 단위

남	북	설명
케이(K)	케이(K) / 카라트	남 함유된 금의 양을 나타내는 단위 금 14/18/24케이
캐럿		남 보석의 무게를 잴 때 쓰는 단위 다이아몬드 2캐럿

» 옷감과 세탁

자연 소재 옷감

남	북	설명
리넨	아마천 / 린넬	
실크 / 비단	비단	
진	-	남 청바지를 만드는 데 쓰는 천
세무	-	남 양이나 소 가죽을 부드럽게 하거나 그것을 흉내 낸 옷감

양털로 만든 옷감

남	북	설명
(양)모 / 양털 / 울	양털 / 양모	
캐시미어	-	남 양털로 만든 고급 옷감

옷감을 짜는 방식

남	북	설명
스판	-	남 잘 늘어나고 가벼워 운동복 재료로 많이 쓰이는 옷감
레이스	레스	

기타 옷감

남	북	설명
레이온	레욘	북 인조 명주실
	인견천 / 인견직	북 인조 명주실로 만든 천
누더기	누데기 / 고포 / 누더기	

세제

남	북	설명
합성 세제	(합성)세척제	
섬유 유연제	(섬유)옷린스	

세탁소

남	북	설명
세탁소	빨래집 / 세탁소	
드라이(클리닝)	마른빨래 / 화학빨래 / 화학세탁	
커버	카바 / 씌우개	

수선

남	북	설명
수선		남 옷을 고치는 것으로 자주 쓰임
재봉틀 / 미싱	재봉(기) / 재봉침 / 재봉(기)틀 / 자봉침	

의류

음식

》 먹고 마실 것을 파는 곳

동양식 식당

남	북	설명
한식집	조선식당	
중국집	중국식당	
일식집	-	남 일본 요리를 파는 식당
분식집	-	남 떡볶이 순대 라면 등 싸고 가볍게 먹는 음식을 파는 식당

서양식 식당

남	북	설명
레스토랑	-	남 서양식 식당
패밀리 레스토랑	-	남 가족이 함께하기 좋은 서양 식당
패스트푸드점	-	남 햄버거, 감자튀김 등 주문하면 바로 나오는 음식을 파는 식당
뷔페	부페트	
빵집 / 제과점 / 베이커리	빵집	

찻집

남	북	설명
커피숍	차집 / 커피점 / 차점	
찻집	차집 / 차점	남 신식
다방		남 구식

술집

남	북	설명
포장마차	막매대	
호프(집) / (생)맥줏집	(생)맥주집	

» 식당 상황

식당 시설

남	북	설명
방 / 룸	방	따로 식사할 수 있게 마련된 방
스카이라운지	전망대 (식당)	고층 건물에서, 전망이 좋고 식당 같은 편의 시설을 갖춘 맨 위층

식기

남	북	설명
스푼 / 숟가락	숟가락 / 스푼	
나이프	나이프 / (밥)상칼	

식탁 물품

남	북	설명
물티슈 / 물휴지	소독손수건	
*냅킨	*내프킨 / *나프킨 / 종이수건	남 천 + 휴지 북 천

종업원

남	북	설명
웨이터	접대원 / 봉사원	남 남자
웨이트리스		남 여자

주문

남	북	설명
메뉴(판) / 차림표	(료리)차림표 / 메뉴	
*세트	*세트 / *쎄트	남 음식 몇 종류를 묶어 파는 것으로 자주 쓰임
포장 / 테이크아웃	포장	남 음식을 포장하여 가져가는 것
인분	-	남 한 사람이 먹을 만한 음식의 양 일인분 / 이인분 주세요
진동 벨	-	남 음식이 나왔음을 진동으로 알리는 벨

애피타이저와 디저트

남	북	설명
애피타이저	-	남 입맛을 돋우려고 식전에 가볍게 먹는 음식
디저트 / 후식	후식	
	식후다과	북 식후에 먹는 차나 과자

서빙

남	북	설명
벨 / 초인종	초인종 / 전기종 / 벨	
서빙	접대	남 음식을 나르는 일

서비스

남	북	설명
서비스	봉사 / 접대 / 써비스	
리필	-	남 음료 등을 다시 채워 주는 것
셀프	-	남 손님이 스스로 해야 하는 것 물은 셀프입니다

결제

남	북	설명
더치페이	-	남 돈을 각자 내는 것
쿠폰 / 이용권	-	남 할인 등 서비스를 받고자 내는 표 할인 / 무료 / 공짜 쿠폰

» 식사

끼니

남	북	설명
끼니	끼(니) / 때식	
때우다	에우다 / 때(우)다	남 끼니를 때우다 북 끼니를 에우다 / 때(우)다

한식과 양식

남	북	설명
한식	조선료리 / 조선음식	
한정식	-	남 한식을 고급스럽게 차린 것
양식	서양음식 / 양식	

밥

남	북	설명
*백반	*백반	남 흰밥 + 국 + 반찬 북 흰밥
도시락	(수지)밥곽	
	곽밥	북 주로 기차에서 사 먹는 밥
철판	철판(대기)	남 철판 볶음밥

덮밥

남	북	설명
덮밥	-	남 요리가 밥 위에 얹혀 나오는 것 불고기덮밥 오징어덮밥 낙지덮밥
오므라이스	오무라이스 / 옴라이스 / 닭알씌움밥 / 닭알지짐밥	

유부초밥

남	북	설명
유부초밥	두부밥	
유부	튀긴 두부	

탕과 찌개

남	북	설명
*국(물)	*국(물)	남 어떤 일의 대가로 생기는 부수적 이득을 속되게 이를 때도 쓰임
보신탕 / 사철탕	개장(국) / 단고기국	
찌개	찌개	북 찌개 〈 지지개 〈 국 (국물의 양)
	지지개	
부대찌개	-	남 햄, 소시지 등을 넣고 끓인 찌개

국수

남	북	설명
잔치국수	-	남 맑은 멸치 국물에 국수를 만 음식
냉면	랭면 / 찬국수	

라면

남	북	설명
봉지 라면	봉지즉석국수	
컵라면	고뿌즉석국수	남 일회용 용기에 뜨거운 물을 부어 간단히 익혀 먹는 라면

칼국수와 수제비

남	북	설명
칼국수	*칼제비(국) / 칼국(수) / 제비국	남 *칼제비 = 칼국수 + 수제비 북 *칼제비 = 칼국수
수제비	뜨더국 / 수제비(국)	

» 반찬

반찬

남	북	설명
반찬 / (밥반)찬	찔게 / (밥)반찬 / 찬	

김치

남	북	설명
무김치	무우김치 / 무우짠지	
버무리다	버무리다 / 버물다	

계란 반찬

남	북	설명
계란말이	닭알말이 / 계란말이	
계란찜	닭알찜	

부침

남	북	설명
부침(개)	지짐	
빈대떡	녹두지짐	

누룽지와 숭늉

남	북	설명
누룽지	(밥)가마치 / 누룽지 / 눌은밥	
숭늉	(밥)숭늉	

살코기와 비계

남	북	설명
살코기	(살)고기	
비계 / 비곗살	비게(살)	

고기 부위

남	북	설명
삼겹살	세겹살 / 삼겹살 / 옆구리살	
족발	발쪽	
곱창	곱창 / 내포	

서양식 고기 요리

남	북	설명
베이컨	베콘	
바비큐 / (통)구이	(통)구이	
훈제	훈제 / 내굴찜	

기타 고기

남	북	설명
치킨	닭튀김 음식 / 닭고기 튀김	
개고기	단고기 / 개고기	

가공식품

남	북	설명
통조림 / 캔	통졸임 / 깡통	남 참치 캔 / 꽁치 통조림
소시지	고기순대 / 칼파스 / 꼴바싸 / 쏘세지	
(게)맛살	-	생선 반죽을 실처럼 뽑고 압축한 어묵
유통 기한	보관기일	

» 일반 음식점

중국집

남	북	설명
짜장면 / 자장면	짜장면 / 된장비빔국수	
짬뽕	-	남 빨간 국물에 해물과 야채를 넣어 만든 매운 국수
단무지 / 다꽝	다꽝 / 염장무우 / 무우(겨)절임 / 겨절임무우	

분식

남	북	설명
떡볶이	떡볶음 / 떡볶이	남 가는 떡을 양념에 볶은 음식
튀김	(기름)튀기 / 뎀뿌라 / 튀김	
오뎅 / 어묵	고기떡 / 오뎅	

면류

남	북	설명
라면	라면 / 즉석국수 / 꼬부랑국수	북 즉석국수 (상표)
쫄면	-	남 면이 쫄깃하고 질긴 국수
라볶이	-	남 라면 + 떡볶이

패스트푸드

남	북	설명
햄버거	햄버거 / 고기겹빵	
감자튀김 / 포테이토	감자튀기	
핫도그	-	남 소시지를 빵으로 싼 음식

» 레스토랑

애피타이저

남	북	설명
샐러드	쌜러드 / 생채	
수프	*국 / 수프	남 *국 (한식) 북 *국 (한식 + 양식)

피자와 파스타

남	북	설명
피자	삐짜	
스파게티	스빠게띠	
파스타	빠스따	

기타 레스토랑 요리

남	북	설명
스테이크		남 얇은 고기를 서양식으로 구운 것
랍스터 / *바닷가재	-	남 *바닷가재 (양식 재료인 큰 가재) 북 *바다가재 (한식 재료인 갯가재)

스테이크를 굽는 정도

남	북	설명
레어	-	레어 〈 미디엄 〈 웰던 (굽는 정도)
미디엄	-	
웰던	-	

» 빵과 떡

작은 빵

남	북	설명
곰보빵 / 소보로빵	-	남 겉이 울퉁불퉁하고 바삭한 빵
(단)팥빵	팥(소)빵	
크림빵		속에 크림을 넣은 빵
카스텔라	설기빵 / 카스테라 / 단설기	
부스러기	부스레기 / 부스러기 / 부스럭지	빵 부스러기

도넛과 베이글

남	북	설명
도넛 / 도너츠	가락지빵 / 도나트	
베이글	-	남 도너츠 모양으로 단단히 구운 빵

밥 대신 먹을 수 있는 빵

남	북	설명
*샌드위치	*샌드위치	남 두 편 사이에 낀 난처하고 어려운 상태로도 쓰임
토스트		살짝 구운 식빵
바게트	베개빵	

케이크

남	북	설명
케이크	케이크 / 케익 / 똘뜨	
와플	구운빵지짐	남 반죽을 틀에 넣고 말랑말랑하게 구운 격자무늬 케이크
파이	-	남 넓은 밀가루 반죽에 재료를 얹고 구워 먹는 서양식 과자 (애플파이)

빵에 바르는 것

남	북	설명
잼	쨤 / 과일(단)졸임 / (단)졸임	북 단졸임 (상표)
생크림	-	남 우유 지방으로 만든 크림 생크림 케이크

떡

남	북	설명
찰떡	찰떡 / 차떡	
백설기	설기떡 / 흰설기 / 백설기	
술떡	기지떡 / 쉬움떡 / 술떡	

» 커피와 차

카페에서 파는 커피

남	북	설명
에스프레소	에스프레쏘	커피 원액
아메리카노		커피 원액 + 물
(카페)라떼	라떼커피	커피 원액 + 우유
카푸치노		커피 원액 + 우유 + 거품
아이스커피 / 냉커피	찬커피 / 랭커피 / 얼음을 둔 커피	

자판기 커피

남	북	설명
밀크커피	-	남 우유를 넣은 자판기 커피
블랙커피	-	남 설탕 크림을 안 넣은 자판기 커피

타 먹는 커피

남	북	설명
커피믹스	막대커피	
프림	-	남 크림 대신 쓰는 가루
시럽	시롭 / 단물	

차

남	북	설명
홍차 / 티	홍차	
티백	-	남 뜨거운 물에 넣어 안에 든 차를 우리는 주머니
우리다	우리다 / 울구다	

» 술과 음료

전통주

남	북	설명
전통주 / 전통술	조선술 / 전통술	
막걸리 / 탁주	막걸리 / 탁배기 / 탁주 / 감주	
인삼주	인삼술 / 인삼주 / 삼백주 / 삼백술	

양주

남	북	설명
양주	서양술 / 양주	
보드카	워드까	
샴페인	샴팡(술/주)	
와인 / 포도주	포도주 / 포도술 / 와인	
폭탄주	-	남 맥주 + 양주
칵테일	칵테일 / 혼합주	

음식

청량음료

남	북	설명
*청량음료	*청량음료	남 맥주 미포함 북 맥주 포함
주스	과일단물 / 과실단물 / 과(일/실)즙 / 쥬스	
탄산음료	탄산음료 / 탄산단물	북 단맛의 탄산음료
	탄산음료	
이온 음료 / 스포츠 음료	-	남 운동할 때 마시는 수분 공급 음료 게토레이 포카리스웨트

병과 컵

남	북	설명
페트(PET)병	비닐병	
병따개 / 오프너	병따개	
종이컵	종이고뿌	

» 식품과 상점

식품의 종류

남	북	설명
건강 (기능) 식품	건강식(료)품	남 홍삼 엑기스 / 종합 비타민
유기농 식품	-	남 화학 비료나 농약 없이 기른 식품
인스턴트(식품)	-	남 쉽고 빠르게 조리하는 가공 식품
끝물	끝물 / 막물 / 마감물	

식품 상점

남	북	설명
(재래/전통)시장	장마당 / 시장 / 장터	
마트	종합직매점 / 대형직매점 / 상점	남 이마트 홈플러스 롯데마트
슈퍼(마켓)	상점	
편의점	-	남 식품, 생필품을 종일 파는 가게
노점(상)	간이매대	
자판기 / 자동판매기	자동판매기	
카트	손수레	

» 신선 식품

곡물

남	북	설명
옥수수 / *강냉이	*강냉이 / 옥수수	남 *강냉이 (옥수수를 튀긴 과자로도 쓰임)
강낭콩	당콩 / 강남콩	

곡물 가루

남	북	설명
녹말(가루) / 전분	농마(가루) / 전분	
미숫가루	미시가루	

채소

남	북	설명
야채 / 채소 / 남새	남새 / 채소 / 야채	
무	무(우)	
당근 / 홍당무	홍당무우 / 당근	
양파	둥글파 / 양파 / 옥파 / 둥근파	
브로콜리	-	

잎채소

남	북	설명
상추	부루	
양배추	가두배추 / 양배추	
양상추	-	남 양배추 모양의 상추

피망과 파프리카

남	북	설명
피망	사자고추	
파프리카	-	남 피망과 닮은 단맛의 고추

과일과 견과

남	북	설명
자두	추리	
파인애플	파이내플	
멜론	멜론 / 향참외	
키위	왕다래	
체리	단벗	남 서양에서 들어온 큰 버찌
블루베리	-	남 포도 알처럼 생긴 단단한 열매
땅콩 / 낙화생	락화생 / 땅콩	

토마토

남	북	설명
토마토	도마도	
방울토마토	-	남 방울 모양의 작은 토마토

고기와 해산물

고기와 계란

남	북	설명
정육점	고기상점	
소고기 / 쇠고기	소고기	
한우	조선소	
계란 / 달걀	닭알 / 계란	

물고기

남	북	설명
복(어)	보가지 / 복어	
도루묵	도루메기 / 도루묵	

명태의 종류

남	북	설명
생태		얼리거나 말리지 않은 명태
동태		얼린 명태
북어	마른명태 / 북어	
*코다리	-	남 반건조 명태 북 밧줄 끝을 잇는 데 쓰는 고리
황태	노랑태 / 더덕북어	
노가리	-	남 명태 새끼 노가리(를) 까다 (가볍게 수다 떠는 것을 속되게 이르는 말)

연체동물

남	북	설명
갑오징어 / 참오징어 / 뼈오징어	*오징어 / 호드기	북 뼈가 있는 것만 오징어로 봄
*오징어	*낙지	남 마름모 지느러미가 있는 연체동물 북 뼈가 없으면 낙지로 봄
한치		남 다리가 짧은 오징어
*낙지	(서해)낙지	남 작은 문어 모양의 흰 연체동물 북 서해에서만 나는 낙지는 서해낙지로 구분

음식

건어물

남	북	설명
건어물	-	남 마른 해산물 북 마른 + 이름으로 쓰임 마른멸치 마른낙지
쥐포	-	남 말린 쥐치를 눌러 만든 단맛의 포

기타

남	북	설명
해산물 / 수산물	수산물 / 해산물	
바지락(조개)	바스레기 / 바지라기 / 바지락(조개) / 참조개	남 바지락 칼국수

» 맛을 내는 재료

단맛을 내는 재료

남	북	설명
감미료	단맛감	
설탕	사탕가루 / 설탕	

발효 식품

남	북	설명
된장	토장	북 집에서 담근 것
	된장	북 공장에서 만든 것
새우젓	새우젓 / 백하젓	

유제품

남	북	설명
마가린	-	남 버터와 비슷하지만 더 쌈
버터	빠다	

기타 재료와 소스

남	북	설명
화학조미료	맛내기	
식용유	먹는 기름 / 식용유	
케첩	케챠프	

» 유제품과 군것질거리

우유와 두유

남	북	설명
우유	우유 / (소)젖	
분유 / 가루우유	가루우유 / 가루 (소)젖	
두유	콩우유	

요구르트 종류

남	북	설명
요구르트	요그르트	
요플레 / 요거트	요그트	

아이스크림

남	북	설명
아이스크림	아이스크림 / 에스키모	

스낵

남	북	설명
스낵	-	남 포장을 뜯어 바로 먹는 과자 (가볍게 사먹는 식사로도 쓰임)
비스킷	비스케트	
쿠키	-	남 밀가루를 많이 넣은 비스킷

뻥튀기와 팝콘

남	북	설명
뻥튀기	(꽝)튀기	곡물을 고압으로 튀겨 낸 과자
*강냉이	펑펑이 / 강냉이과자 / 옥수수과자	북 *강냉이 (옥수수로만 쓰임)
팝콘	강냉이튀기	남 서양식으로 옥수수를 튀긴 과자

단것

남	북	설명
초콜릿	쵸콜레트	
캐러멜	기름사탕 / 캬라멜	
젤리	단묵 / 쩨리	
양갱	단묵	

주거

» 공간

출입문 잠금장치

남	북	설명
열쇠 / 키	열쇠	
도어 록 / 전자 키	-	남 자동 문 잠금장치

초인종과 인터폰

남	북	설명
벨 / 초인종	초인종 / 벨	
인터폰	구내교환련락선 / 구내전화	
노크	손기척 / 노크	

거실

남	북	설명
거실	전실	

침실

남	북	설명
매트(리스)	해면(깔개) / 마다라스	
시트 / 커버 / 침대보	침대보 / 카바	
알람 시계 / 자명종	자명종 / 종시계	

화장실과 욕실

남	북	설명
화장실	위생실	
(목)욕실	목욕실 / 목욕칸	

특별 공간

남	북	설명
드레스룸	-	남 옷 보관 방
다용도실	-	남 주로 세탁기를 놓는 작은 방
베란다 / 발코니 / 테라스	베란다 / 로대 / 발코니 / 발콘	

구획

남	북	설명
칸	칸 / 간	
천장	천정 / 천장 / 천반	

집 바깥

남	북	설명
놀이터	(어린이)놀이터 / 놀이장 / 놀음터	

» 부엌

냉장고

남	북	설명
냉장고	랭동기	
김치냉장고	-	남 김치 보관용 냉장고

밥을 지을 때 쓰는 조리 기구

남	북	설명
전기밥솥	전기밥가마	
압력 밥솥	압력밥가마	증기의 압력으로 밥을 짓는 솥
(밥)주걱	(밥)주걱 / 밥죽	

음식을 섞을 때 쓰는 조리 기구

남	북	설명
거품기	거품기 / 거품채	
믹서(기) / 분쇄기	분쇄기	

음식을 익힐 때 쓰는 조리 기구

남	북	설명
냄비	쟁개비	북 쟁개비 〈 남비 (크기)
	남비	
프라이팬	지짐판 / 후라이판 / 볶음판	

음식을 익힐 때 쓰는 가전제품

남	북	설명
가스레인지	가스곤로	
오븐	-	남 사방에서 나오는 열로 음식을 익히는 기구
후드	배풍기	연기나 냄새를 빨아들이는 장치

기타 조리 기구

남	북	설명
커피포트 / 전기포트 / 전기주전자	전기주전자	남 전기로 물을 끓이는 주전자
키친타월	-	남 부엌에서 수건 대신 쓰는 큰 휴지

용기

남	북	설명
락앤락	-	남 음식이 새지 않게 만든 밀폐 용기
플라스틱 그릇	수지그릇	
스테인리스 (그릇)	스뎅(그릇)	녹슬지 않는 쇠로 만든 그릇

랩

남	북	설명
랩	얇은 비닐	남 음식 포장 시 쓰는 얇은 비닐

잔

남	북	설명
컵	고뿌	
머그(잔)	사기고뿌	
유리잔 / 글라스	유리잔	
커피 잔	사기잔	

설거지

남	북	설명
설거지	설겇이	
세제	세척제	
헹구다	헹구다 / 헤우다	
식기세척기	-	남 식기를 자동으로 씻는 기계

욕실과 화장실

세면대와 수건

남	북	설명
세면대	-	남 손과 얼굴을 씻는 대
세숫대야	세면대야 / 세수대야 / 세수소래	
수건 / 타월	(타올)수건 / 타올	

샤워 시설

남	북	설명
*샤워	*샤와	남 행위 북 행위 + 시설
욕조	욕조 / (목)욕통	

몸 씻기

남	북	설명
바디 워시 / 바디 클렌저	(몸)물비누 / 액체비누	
이태리타월	-	남 거칠거칠한 목욕 수건

머리 감기

남	북	설명
샴푸	샴푸 / 머리물비누	
린스	린스 / 헹굼물비누	
트리트먼트	머리(카락)영양제	
감다	*빨다 / 감다	남 *빨다 (빨래를 빨다) 북 *빨다 (빨래를 / 머리를 빨다)

생필품

남	북	설명
생필품 / 생활필수품	생활필수품 / 인민소비품	
티슈 / 화장지	위생종이 / 위생지	
생리대	위생대	
손톱깎이	손톱깎개	
면도기		면도하는 기구

변기와 비데

남	북	설명
(좌)변기 / 양변기	변기	
비데	-	남 물로 뒤를 씻는 장치

휴지

남	북	설명
휴지 / 화장지	위생종이 / 위생지	
*두루마리	*두루마리	남 두루마리 휴지로도 쓰임

공중 화장실의 성별 표시

남	북	설명
맨	-	남 man (남자용)
우먼	-	남 woman (여자용)

가전제품

스위치

남	북	설명
스위치	개페기 / 스위치	
온	-	남 on (켜는 것)
오프	-	남 off (끄는 것)

음향 기기

남	북	설명
오디오	-	남 음악 재생 장치
엠피스리(MP3)	-	남 컴퓨터 음악 파일, 또는 그것을 재생하는 기계
시디플레이어	씨디록음기	

볼륨

남	북	설명
볼륨 / 음량 / 소리	음량	
최대 / 맥시멈(max)	최대	
최소 / 미니멈(min)	최소	

영상 기기

남	북	설명
티브이(TV) / 텔레비전	텔레비존	
컬러 티브이(TV) / 컬러텔레비전	색텔레비존	
디브이디(DVD)플레이어	디브이디비데오	
리모컨	조절기	

가습기와 제습기

남	북	설명
가습기	가습기	실내에 습기를 공급하는 기계
제습기	-	남 실내의 습기를 없애는 기계

공기 관련 가전제품

남	북	설명
에어컨	랭풍기	
냉각 팬	바람개비	

기타

남	북	설명
스탠드	탁상(전)등	
진공청소기	흡진기	
매뉴얼 / 설명서	설명서	

» 전기와 전등

에너지

남	북	설명
에너지	에네르기	

전깃줄을 꽂는 장치

남	북	설명
플러그	꽂개	남 잭 〈 플러그 (크기)
잭		

전깃줄을 꽂는 곳

남	북	설명
콘센트	콘센트 / 접속구	
멀티탭	다전구꽂이	

전등

남	북	설명
전구	전구 / 전등알 / 다마	
샹들리에	무리등 / 샨데리아 / 장식등	

손전등과 건전지

남	북	설명
플래시 / 손전등	손전지 / 손전등	
건전지 / *배터리	건전지 / 전지약	북 *바테리 = 축전지

» 가구

소파와 테이블

남	북	설명
소파	*안락의자 / 쏘파	남 *안락의자 (일인용)
테이블 / 탁자	탁자 / 테블	

기타 가구

남	북	설명
장롱	장농	
서랍	빼람 / 서랍	
선반	선반 / 당반	
알루미늄 섀시	눔창	

가구 만들기

남	북	설명
디아이와이(DIY)	-	남 필요한 것을 직접 만드는 것
리폼	-	남 낡은 것을 새롭게 고치는 일

펜치와 니퍼

남	북	설명
펜치	뻰찌	
니퍼	-	남 전선, 철사를 자를 때 쓰는 공구

기타 공구

남	북	설명
드라이버	도라이바 / 나사돌리개	
핀셋	핀세트	
줄자	도래자 / 줄자	
본드 / 접착제	접착제	

» 인테리어

기본 실내 장식

남	북	설명
리모델링	-	남 낡은 건물을 새로 단장하는 것
인테리어 / 실내 장식	실내장식	실내를 장식하는 일이나 그 물건
벽지 / 도배지	벽지 / 도배지 / 도배종이	
견적		필요한 돈을 미리 계산하는 것

커튼

남	북	설명
커튼	카텐 / 창가림(막)	
블라인드	창가림	
드리우다	드리(우)다	

꽃꽂이

남	북	설명
꽃꽂이	꽃꽂기	북 솜씨
	꽃꽂이	북 물건
조화	조화 / 가짜꽃	

기타 장식

남	북	설명
카펫 / 융단	주단 / 융단	
액자	액틀 / 액자	

» 집 관리

쓰레기 처리

남	북	설명
쓰레기 종량제	-	남 쓰레기를 법으로 정한 봉투에 담아 제한된 양만 버리는 것
분리수거	-	남 종류대로 나누어서 버리는 것
재활용 / 재생	재생	쓰레기를 가공하여 다시 쓰는 것

난방

남	북	설명
(가정용) *연탄	구멍탄	북 *련탄 (구멍탄 + 조개탄)
보일러	보이라	

주거

관리비

남	북	설명
관리비	관리비 / 사용료	
수도비 / 수도세 / 수도료	수도세 / 수도사용료	남 수도를 쓴 만큼 내는 돈
전기비 / 전기세 / 전기료	전기세 / 전기사용료	
가스비	가스사용료	남 가스를 쓴 만큼 내는 돈

쇼핑

» 쇼핑의 종류

온라인 쇼핑

남	북	설명
쇼핑	장보기	남 상품을 사는 것
온라인 쇼핑 / 인터넷 쇼핑	-	남 인터넷으로 상품을 사는 것
홈 쇼핑	-	남 텔레비전, 인터넷 등에서 상품 정보를 보고 상품을 사는 것
텔레마케팅	-	남 전화로 상품을 소개하고 파는 것
소셜 커머스	-	남 일정한 구매자가 모이면 상품을 싸게 파는 전자 상거래

오프라인 쇼핑

남	북	설명
(쇼핑)몰 / 쇼핑센터 / 쇼핑 타운	-	남 여러 상점이 한데 모여 있는 곳
아울렛	-	남 다른 데서 팔고 남은 옷을 한데 모아 싸게 파는 곳
프랜차이즈	-	남 지점을 곳곳에 운영하는 것
가맹점	-	남 연합 조직에 가입한 상점
바자회	-	남 사회사업 자금을 모으려고 여는 시장

중고 시장

남	북	설명
벼룩시장	-	남 다양한 중고품을 팔고 사는 시장
재활용 센터	-	남 버리는 것 중에 쓸 만한 것을 모아 다듬어서 파는 곳
대여점 / 렌탈(점)	-	남 돈을 받고 일정 기간 어떤 물품을 빌려주는 곳

» 상점 운영

매장 시설

남	북	설명
가게 / 상점 / 숍	매대 / 상점 / *매점	남 *매점 (간식을 파는 작은 가게) 북 *매점 (상점)
코너	매대	상품 종류에 따라 나뉜 판매 부문
마네킹	마네킨	
쇼윈도	전시창 / 진렬창	
셔터	-	남 가게 문을 닫을 때 방범을 목적으로 전면을 가리는 철판

열고 닫기

남	북	설명
입점	-	남 가게가 건물에 새로 들어오는 것
오픈 / 개점	개시 / 개점	남 open
클로즈 / 폐점	페점	남 close

여닫는 시간

남	북	설명
오전 / 에이엠(AM)	오전	
오후 / 피엠(PM)	오후	

» 상품 종류

신상품과 이월 상품

남	북	설명
신상(품)	-	남 새로 나온 상품
이월 상품	-	남 나온 지 꽤 돼서 싸게 파는 상품

인기 상품

남	북	설명
히트 상품	-	남 인기가 있는 상품
품절	절품 / 품절	

상품 표시

남	북	설명
상표 / 태그 / 라벨	상표 / 꼬리표	
바코드	띠부호	

기타

남	북	설명
분류 / 카테고리	분류	
공산품	공업품	
샘플 / 견본(품)	견본(품)	
디자인	설계	
	도안	

가격과 품질

정해진 가격

남	북	설명
정찰제	-	남 정해진 가격대로 파는 제도
소비자가(격) / 정상가(격)	국정(판매)가격 / 고정가격	

할인 가격

남	북	설명
떨어지다 / 다운되다	떨어지다	남 가격이 다운되다
싸다	눅다 / 싸다	

기타 가격

남	북	설명
부가 가치세	-	남 거래 시 부과하는 세금
바가지(요금)	-	남 터무니없이 비싼 요금 바가지(를) 쓰다

고가 상품

남	북	설명
브랜드 / 메이커	-	남 고급 상표
오리지널 / *원조	-	남 *원조 (사람 + 물건) 북 *원조 (사람)
케이에스(KS)	국규	남 Ⓚ

저가 상품

남	북	설명
가짜 / 짜가	가짜	
중저가	-	남 보통보다 조금 싼 가격
싸구려	눅거리 / 싸구려	
불량품	불량품 / 오작(품)	

» 판매

홍보 물품

남	북	설명
카탈로그	상품목록 / 까딸로그	
판촉물	-	남 홍보하려고 주는 물건

판매 행사

남	북	설명
행사 / *이벤트	행사	남 *이벤트 (특별 행사) 북 *이벤트 (체육 경기)
에누리 / 할인 / 디시(DC) / 디스카운트	에누리 / 할인	
(바겐/폭탄)세일	막팔기 / 눅거리 팔기	

남은 물건을 파는 것

남	북	설명
땡처리	-	남 남은 물건을 급히 판매하는 것
떨이	꼬리 떼기	

덤으로 주는 것

남	북	설명
덤	무더기 팔기 / 덤	
원 플러스 원(1+1)	-	남 어떤 것을 사면 하나 더 주는 것
*증정	*증정	남 상품을 공짜로 주는 것으로도 씀

이익

남	북	설명
매출		물건이나 서비스를 파는 양이나 금액
이익금 / 마진	리익금	

» 소비

구매 유형

남	북	설명
공구 / 공동 구매	-	남 단체로 싸게 사는 것
직구 / 직접 구매	-	남 중개인 없이 직접 싸게 사는 것
아이쇼핑	-	남 사지 않고 구경만 하는 것

필요 없는 소비

남	북	설명
과소비	-	남 쓸데없이 지나치게 사는 것
충동구매	-	남 계획 없이 충동적으로 사는 것

소비자 유형

남	북	설명
브이아이피(VIP) / 귀빈	귀빈	
얼리 어답터	-	남 남보다 빨리 신제품을 사는 사람

짠돌이와 짠순이

남	북	설명
짠돌이	*깍쟁이	남 남자 *깍쟁이 (밉지 않게 약삭빠른 사람)
짠순이		남 여자

» 결제

카운터

남	북	설명
카운터 / 계산대	카운터 / 출납	
결제	결제 / (값)치르기	
사인 / 서명	*수표 / 서명	남 수표 (고액의 현금 대신 내는 표)

지폐와 동전

남	북	설명
지폐	지폐 / 종이돈	
동전	동전 / 짤락돈 / 쇠돈	

기타 현금

남	북	설명
현금 / 현찰	현금	
잔돈	잔돈 / 부스럭돈 / 각전	
거스름(돈)	거스름(돈) / 각전	

카드의 종류

남	북	설명
체크 카드	전자결제카드	
신용 카드	-	남 상품은 먼저 사고 얼마 후 은행을 통해 돈을 지급하는 결제 카드

신용카드 대금을 갚는 방법

남	북	설명
일시불	-	남 한 번에 대금을 갚는 것
할부	-	남 여러 번에 나눠 대금을 갚는 것

쇼핑

상품권

남	북	설명
상품권	구매권 / 상품권	남 백화점 / 구두 상품권
도서 상품권	-	남 주로 책을 살 수 있는 상품권
문화 상품권	-	남 문화생활 관련 상품 서비스를 구입할 수 있는 상품권

기타 결제 수단

남	북	설명
*수표	행표	북 수표 (서명)
온라인 결제	온라인 결제 / 온라인 지불	통신상으로 결제하는 것

결제 보조 수단

남	북	설명
포인트 카드	-	남 점수를 쌓아 현금처럼 쓰는 카드
멤버십 카드	-	남 회원 혜택을 받을 수 있는 카드
쿠폰	우대권	

» 구매 후

구매 후 서비스

남	북	설명
고객 센터	-	남 고객의 요구를 처리하는 곳
보증 기간	-	남 구입 상품에 대한 서비스를 보장하는 기간
에이에스(A/S) / 애프터서비스	-	남 판매 후 상품에 대한 서비스
결함 / 하자	결함	

교환 반품 환불

남	북	설명
교환	교환 / 맞바꿈질	
반품	물리기	남 상품 반납
환불	-	남 상품 반납 후 돈을 돌려받는 것

리콜과 리퍼

남	북	설명
리콜	-	남 상품에 결함이 있을 때 기업에서 그 상품을 회수하여 보상하는 것 자동차 리콜
리퍼	-	남 불량품이나 중고품을 정비하는 것 핸드폰 리퍼

쇼핑

미용

피부 관리

수분과 유분

남	북	설명
수분	*물기 / 수분	남 *물기 (피부에는 잘 쓰이지 않음)
유분 / 기름기	기름기	

피부 유형

<table>
<tr><th>남</th><th>북</th><th>설명</th></tr>
<tr><td>피부 타입</td><td>-</td><td>남 피부 상태로 나누는 유형</td></tr>
<tr><td colspan="2">건성</td><td>건조한 성질</td></tr>
<tr><td>지성</td><td>-</td><td>남 기름기가 많은 성질</td></tr>
<tr><td>복합성</td><td>-</td><td>남 얼굴 주변은 건성, 가운데는 지성</td></tr>
<tr><td colspan="2">민감성</td><td>민감한 성질</td></tr>
</table>

화장과 피부 관리

남	북	설명
화장 / 메이크업	화장	
스킨케어	-	남 피부 관리

미용

피부 트러블

남	북	설명
피부 트러블	-	남 여드름 뾰루지
뾰루지	뽀두라지	

피부 관리 도구

남	북	설명
*기름종이	-	남 얼굴 기름을 닦는 종이로도 쓰임
*족집게	종집게 / 동집게 / *족집게	남 *족집게 (잘 알아맞히는 사람으로도 쓰임)

» 화장

화장품 종류

남	북	설명
기초화장품	-	남 스킨, 로션 등 기초적인 화장품
색조 화장품	-	남 립스틱처럼 색깔이 있는 화장품
샘플 / 미니어처	-	남 작게 만든 홍보용 화장품

기능성 화장품

남	북	설명
기능성 화장품	-	남 미백 등 특별 기능을 가진 화장품
미백 / 화이트닝	미백	

스킨 로션

남	북	설명
스킨 / 토너	살결물 / 미안수 / 화장수	
스킨로션 / 로션	물크림	

얼굴 피부에 영양을 주는 화장품

남	북	설명
영양 크림	영양크림 / 미백영양물	
팩	미안막	

몸에 바르는 화장품

남	북	설명
보디로션	몸영양액	남 몸에 바르는 로션
핸드크림	손크림	
풋 크림	-	남 발에 바르는 크림

선크림

남	북	설명
선크림	해빛방지크림 / 자외선방지크림	
에스피에프(SPF) 지수	-	남 자외선 차단 지수

색조 화장품

<table>
<tr><th>남</th><th>북</th><th>설명</th></tr>
<tr><td>파운데이션</td><td rowspan="2">분크림</td><td>남 잡티를 가리고 피부색을 고르게 하는 크림</td></tr>
<tr><td>비비(BB)크림</td><td>남 파운데이션 〈 비비 크림 (영양 기능)</td></tr>
<tr><td>파우더</td><td>가루분</td><td></td></tr>
<tr><td>(콤/파우더)팩트</td><td>분첩갑</td><td></td></tr>
<tr><td>볼 터치</td><td>볼연지</td><td></td></tr>
</table>

색조 화장 도구

남	북	설명
브러시	화장붓	남 가루를 바르는 붓
퍼프	분첩	

눈 화장품

남	북	설명
마스카라	-	남 속눈썹을 길게 보이려 칠하는 것
아이라이너	-	남 눈매를 선명하게 그리는 화장품
아이브로펜슬 / 눈썹연필	눈섭먹 / 눈섭연필	
아이섀도	눈등분	
아이 크림	-	남 눈 주위에 바르는 크림

눈 화장 도구

남	북	설명
뷰러	-	남 속눈썹을 말아 올리는 도구
면봉	-	남 눈가에 번진 화장품을 지우거나 귀지를 파거나 약을 바르는 데 쓰는 솜을 붙인 가는 막대

입 화장품

남	북	설명
립스틱 / 루주	입술연지 / 구홍	
틴트	-	남 일정 시간 입술에 착색하는 화장품
립글로스	-	남 입술에 윤기가 나게 하는 화장품
립밤	-	남 건조한 입술에 바르는 화장품

매니큐어

남	북	설명
매니큐어	손톱물감	남 손발톱에 색이나 윤기를 내려고 바르는 액체
리무버	-	남 매니큐어를 지우는 액체

» 미용실

미용실 직원

남	북	설명
미용실 / 미장원	미용원 / 미장원	
실장 / 원장	원장	남 미용실 실장 / 미장원 원장 북 미용원 원장
미용사 / 헤어 디자이너	미용사 / 봉사원	
스태프	-	남 미용 기술을 배우는 직원

머리카락 자르기

남	북	설명
자르다	깎다	남 남자 + 여자
깎다		남 남자 북 남자 + 여자

미용 기술

남	북	설명
드라이	건조	남 건조기로 머리를 말리고 다듬는 것
염색	염색 / 물들이기	
코팅	-	남 머리카락 겉에 막을 입히는 것
파마 / 펌	파마	

열로 머리를 다듬는 기구

남	북	설명
(헤어) 드라이기 / (헤어)드라이어	(머리)건조기 / 건발기	
고데기		표면을 데워서 머리를 다듬는 기구

기타 미용 용품

남	북	설명
(헤어) 롤	-	남 머리를 말아 곡선으로 만드는 것
파마로드	(파마)말대	
스펀지	*해면	남 *해면 (자연물) 북 *해면 (자연물 + 인공물)

미용 약품

남	북	설명
(헤어)에센스	머리영양물	남 머리에 영양을 주려고 바르는 액체
염색약	머리물감	

머리를 고정하는 제품

남	북	설명
무스	(머리칼)고착제	남 바르는 거품
(헤어)스프레이		남 뿌리는 액체
왁스	-	
포마드	된머리기름 / 뽀마도	남 젤 〈 왁스 (고체성)
(헤어) 젤	-	

» 머리 모양

곱슬머리

남	북	설명
곱슬머리 / 고수머리	고수머리 / 곱슬머리	
컬	-	남 곱슬곱슬한 머리카락을 만드는 일

파마

남	북	설명
스트레이트(파마)		남 머리카락을 곧게 펴는 파마
매직 (파마)		남 머리를 곧고 매끄럽게 펴는 파마
웨이브 (파마)	볶음머리	남 자연스러운 곡선을 주는 파마
세팅(파마)		남 자연스러운 모양의 관리가 쉬운 파마
롤 (파마)		남 둥글게 마는 파마

이발

남	북	설명
쇼트커트	-	남 귀가 보일 정도로 짧게 자르는 것
단발(머리)	단발(머리)	남 단발 ≤ 중 (단)발 (길이) 북 단발 〈 중 (단)발 (길이)
	중(단)발	
까까머리 / 빡빡머리	까까 (중이)머리	
스포츠(머리)	속도전 머리 / 체육단 머리 / 고슴도치 머리	
바가지 머리	-	남 바가지 모양으로 자른 머리

기타 머리 모양

남	북	설명
헤어스타일	머리모양	
갈래머리	쌍태머리 / 량태머리	
짱구	남북머리 / 남북골	

비듬

남	북	설명
*비듬	(머리)*비듬	남 *비듬 (머리에서 떨어지는 비늘) 북 *비듬 (피부에서 떨어지는 비늘)

기타

동물

육식 동물

남	북	설명
호랑이 / 범	범 / 호랑(이)	
독수리	독수리 / 번대수리	

말

남	북	설명
백마	백마 / 흰말 / 부루말 / 부루마	
*얼룩말	줄(기)말	남 *얼룩말 (줄무늬가 있는 말) 북 *얼룩말 (털빛이 얼룩진 말)

가축

남	북	설명
황소	(둥글)황소 / 둥글소	
(당)나귀	(당)나귀 / 하늘소	

기타 포유류

남	북	설명
산토끼	산토끼 / 메토끼 / 들토끼	
원숭이 / 잔나비	원숭이 / 잰내비 / 잔나비	
캥거루	캉가루	

철새와 텃새

남	북	설명
기러기	기러기	북 기러기 〈 계우 (크기)
	계우 / 물개리	
청둥오리	청뒹오리	
원앙(새)	원앙(새/오리)	

기타 조류

남	북	설명
조류	조류 / 새류	
거위	게사니 / 거위	
카나리아	금방울새	
펭귄	펭긴(새)	

바다 동물

남	북	설명
돌고래	곱등어	
거북(이)	거부기 / 거북	

벌

남	북	설명
여왕벌	(녀)왕벌	
일벌	로동벌	
벌집	벌(의)둥지 / 벌(의)집	

기타

유충

남	북	설명
누에	(뽕)누에	
장구벌레	곤두벌레 / 장구벌레	

반딧불이

남	북	설명
반딧불(이)	반디불	

암컷 수컷

남	북	설명
암컷		
수컷		

암/수 + 동물 이름

남	북	설명
암+거센소리	암+예사소리	남 암탉 암캐 암탕나귀 암퇘지 북 암닭 암개 암당나귀 암돼지
수+거센소리	수+예사소리	남 수탉 수캐 수탕나귀 수퇘지 북 수닭 수개 수당나귀 수돼지

숫양 숫염소 숫쥐

남	북	설명
숫양	수양	
숫염소	수염소	
숫쥐	수쥐	

» 식물

식물의 부분

남	북	설명
가지	가지	
	아지	북 어리거나 가는 가지
나이테	해돌이 / 년륜	

침엽수와 활엽수

남	북	설명
침엽수 / 바늘잎나무	바늘잎나무 / 침엽수	
활엽수 / 넓은잎나무	넓은잎나무 / 활엽수	

상록수와 낙엽수

남	북	설명
상록수 / 늘푸른나무	상록수	
낙엽수 / 잎지는나무	락엽수	

봄가을에 피는 꽃

남	북	설명
개나리	개나리(꽃나무) / 울타리꽃	
코스모스	코스모스 / 살사리꽃 / 길국화	

벚

남	북	설명
벚	벚	남 벚나무 벚꽃 북 벚나무 벚꽃
버찌		

자연

지하수

남	북	설명
지하수	지하수 / 땅속물	

돌과 관련된 것

남	북	설명
바위 / 바윗돌	바위(돌) / 돌바위	
자갈밭	(돌)자갈밭 / 돌짝밭	

산과 관련된 공간

남	북	설명
습곡	땅주름 / 습곡	
(산)봉우리	(산)봉우리 / (산)정수리	
암벽	바위벼랑 / 암벽	

물가

남	북	설명
물가	물가 / 물기슭 / 물역 / 물녘	
바닷가 / 해안가 / 해변(가)	바다가 / 해안(가) / 바다기슭	

음지와 양지

남	북	설명
음지 / 응달	음달 / 능지 / 능달	
양지 / 양달	양지	

기타

기타 공간

남	북	설명
언덕	언덕 / 둔덕	
정글 / 열대림	쟝글 / 열대림 / 열대숲	
허공	허공 / 허궁	

» 기상

기온

남	북	설명
일교차	일교차 / 하루차	
연교차	-	남 연간 최대-최소 기온의 차이

강수량

남	북	설명
강우량 / 비 양	강우량 / 비량	
적설량 / 눈 양	강설량 / 눈량	

구름 비 바람

남	북	설명
뭉게구름	뭉게구름 / 더미구름	
폭우	폭우 / 무더기비	
비바람	비바람	북 비와 바람
	빗바람	북 비를 내리며 부는 바람
돌풍	돌풍 / 갑작바람	

기타

해

남	북	설명
햇볕	해볕	
*햇빛	*해빛	남 세상에서 인정받는 것으로도 쓰임 그의 작품이 결국 햇빛을 보았다 북 인민에 대한 사랑으로도 쓰임 인민을 향한 당의 자애로운 해빛
*햇살	*해살	북 인민에게 비추는 희망으로도 쓰임

별

남	북	설명
유성 / 별똥별	류성 / 별찌	
	별똥	북 속된 말

» 시공간과 물리

순간

남	북	설명
그때	그때 / 그시	
잠깐	잠간	
얼(떨)결	얼(떨)결 / 어망결 / 얼김	
짬	짬 / 쯤	

계절

남	북	설명
봄철	봄철 / 봄계절	
늦가을 / 만추	마가을 / 늦(은)가을 / 만추	

상반기 하반기

남	북	설명
상반기	상반년 / 상반기	
하반기	하반년 / 하반기	

시간과 관련된 기계

남	북	설명
타임머신	-	남 시간 여행을 하는 상상의 기계
타이머	-	남 시간을 재는 기계

기타 시간

남	북	설명
날짜 / 일자	날자 / 일자	
내년	래년 / 오는해	
황혼	황혼 / 어슬막 / 어슬무렵	
초기	초(시)기	

공간

남	북	설명
어디	어디 / 어데 / 어드메	
근처 / 근방	근방 / 근처 / 아근	

방향

남	북	설명
위	우 / 웃-	남 아래위 위쪽 북 아래우 웃쪽
윗-	웃-	남 윗사람 윗마을 북 웃사람 웃마을
웃-		웃어른 웃돈

물리적 상태와 현상

남	북	설명
두께	두께 / *두터이	북 *두터이 (명사로도 쓰임)
마찰	쓸림 / 마찰	
진폭	진폭 / 떨기너비	
부력	뜰힘 / 부력	

» 1차 산업

논밭

남	북	설명
논밭	*포전 / 논밭	남 *포전 (채소밭) 북 *포전 (논 + 밭)
평야	벌방 / 평야	

경작지

남	북	설명
경(작)지	부침땅 / 경(작)지	
개간지	개간지 / 일군땅	
화전	부대(기) / 화전 / 부대(기)밭	

농사의 형태

남	북	설명
이모작	이모작 / 두벌농사	
고랭지 농업	고지대농업	
주말농장	-	남 도시 주민들이 주말에 채소 등을 가꿀 수 있도록 만든 작은 농장

기타

비닐하우스

남	북	설명
비닐하우스	비닐(온실)	
비닐	비닐(박막)	

추수

남	북	설명
추수 / 가을걷이	가을(걷이) / 추수 / 벼가을	
대풍(년)	만풍(년) / 대풍(년)	

농기계와 도구

남	북	설명
*콤바인	(벼)수확기 / *꼼바인	남 곡식을 베고 탈곡하는 기계 북 다양한 기능을 하는 기계
리어카	리야까 / *손수레 / 손달구지	남 *손수레 (손으로 끄는 작은 수레)
펌프	뽐프	
허수아비	허수아비 / 허재비	

가뭄과 홍수

남	북	설명
가뭄 / 가물	가물 / 가뭄	
단비	단비 / 꿀비	
홍수	큰물 / 홍수	

축산

남	북	설명
재갈	자갈 / 자개	
양계장	닭공장 / 닭목장	

2차 산업

금속

남	북	설명
강철 / 철강 / 스틸	강(철) / 강쇠	
알루미늄	알루미니움 / 알루미늄	

건축물

남	북	설명
빌딩 / 고층 건물	고층건물 / 빌딩	
댐	언제	

건축용 자재

남	북	설명
시멘트	세멘(트)	
페인트	뼁끼 / 페인트	
블록	블로크	

중장비

남	북	설명
중장비	중기계 / 중장비	
레미콘	콩크리트 혼합 운반차	
불도저	불도젤	
굴착기 / 포클레인 / 굴삭기	굴착기 / 까또	
크레인 / 기중기	기중기 / 크레인	

기타 건축 용어

남	북	설명
기반 / 인프라	기반	남 *인프라 (교통 전기 의료 등 기본적으로 필요한 시설과 제도)
부실 공사	오작	

무역선

남	북	설명
돛단배	돛배 / 범선	남 돛단배 < 범선 (크기)
범선		
컨테이너	짐함	

기타 선박 용어

남	북	설명
조선	조선 / 배무이	
유조선	유조선 / 기름배	

붙임 1. 국가와 수도

» 국가

동북아시아

남	북	설명
대만 / *타이완	대만	

인도차이나 반도

남	북	설명
미얀마	먄마	
*베트남 / *월남	*웰남	
캄보디아	캄보쟈	
*태국 / 타이	타이	

말레이 제도

남	북	설명
동티모르	동부띠모르	
브루나이	브루네이	

남아시아

남	북	설명
몰디브	말디브	
방글라데시	방글라데슈	

중앙아시아

남	북	설명
우즈베키스탄	우즈베끼스딴	
카자흐스탄	까자흐스딴	

서남아시아

남	북	설명
시리아	수리아	
*아랍에미리트	*아랍추장국	
카타르	까타르	
팔레스타인	팔레스티나	

카프카스

남	북	설명
그루지야 / *조지아	그루지야	
*터키	*토이기 / *뛰르끼예	

오세아니아

남	북	설명
괌	괌도	
파푸아 뉴기니	파푸아 뉴기니아	
*호주 / 오스트레일리아	오스트랄리아	

북아메리카

남	북	설명
그린란드	그린랜드	
*멕시코	*메히꼬	
캐나다	카나다	

카리브 제도

남	북	설명
아이티	아이띠	
자메이카	져메이커	
쿠바	꾸바	

중앙아메리카

남	북	설명
과테말라	과떼말라	
코스타리카	꼬스따리까	
파나마	빠나마	

남아메리카

남	북	설명
아르헨티나	아르헨띠나	
에콰도르	에꽈도르	
콜롬비아	꼴롬비아	
파라과이	빠라과이	
페루	뻬루	

베네룩스

남	북	설명
*벨기에	*벨지끄	
네덜란드	네데를란드 / *화란	
룩셈부르크	룩셈부르그	

중유럽

남	북	설명
독일	독일 / *도이췰란드	
오스트리아	오스트리아 / *오지리	

북유럽

남	북	설명
*덴마크	*단마르크	
*스웨덴	*스웨리예	
*아이슬란드	*이슬란드	

발트 삼국

남	북	설명
라트비아	라뜨비야	
*리투아니아	*리뜨바	
에스토니아	에스또니야	

남유럽

남	북	설명
모나코	모나꼬	
*스페인 / 에스파냐	에스빠냐	
이탈리아	이딸리아	
*바티칸	*바띠까노	
포르투갈	뽀르뚜갈	

발칸 반도

남	북	설명
*루마니아	*로므니아	
*몬테네그로	*체르노고리아 / *쯔르나고라	
보스니아(헤르체고비나)	보스니아(헤르쩨고비나)	
불가리아	벌가리아	
*세르비아	*쓰르비아	
코소보	꼬쏘보	
*크로아티아	*흐르바쯔까 / *흐르바찌야	

동유럽

남	북	설명
*슬로바키아	*슬로벤스꼬	
*체코	*체스꼬	
*폴란드	*뽈스까	
*헝가리	*웽그리아 / *마자르	

구소련

남	북	설명
*러시아	*로씨야	
벨라루스	벨라루씨	

북아프리카

남	북	설명
*모로코	*마로끄	
이집트 / 애굽	애급 / 에짚트	
튀니지	뚜니지	

중앙아프리카

남	북	설명
나이지리아	나이제리아	
중앙아프리카 공화국	중앙아프리카	
카메룬	까메룬	
케냐	케니아	
콩고(민주 공화국)	(민주)꽁고	

남아프리카

남	북	설명
*남아공 / 남아프리카 공화국	남아프리카	
마다가스카르	마다가스까르	

» 수도

동북아시아

남	북	설명
*타이베이	-	대만
도쿄 / 동경	도꾜 / 동경	일본
울란바토르	울란바따르	몽골

동남아시아

남	북	설명
방콕	방코크	태국
자카르타	쟈까르따	인도네시아
카트만두	까뜨만두	네팔
쿠알라룸푸르	꾸알라 룸뿌르	말레이시아
프놈펜	프놈 뻰	캄보디아

중앙아시아

남	북	설명
타슈켄트	따슈껜트	우즈베키스탄

서남아시아

남	북	설명
*다마스쿠스	*디마스끄	시리아
베이루트	바이루트	레바논
앙카라	앙까라	터키
*예루살렘	*꾸드스	이스라엘 / 팔레스타인

오세아니아

남	북	설명
웰링턴	웰링톤	뉴질랜드
캔버라	캔베라	호주

북아메리카

남	북	설명
*멕시코시티	*메히꼬	멕시코
워싱턴	워싱톤	미국

남아메리카

남	북	설명
라파스	라빠스	볼리비아
산티아고	싼티아고	칠레
아순시온	아쑨씨온	파라과이

서유럽

남	북	설명
리스본	리스봉	포르투갈
브뤼셀	브류쎌	벨기에
*빈 / *비엔나	*윈	오스트리아
*코펜하겐	*꾀뻰하븐	덴마크
파리	빠리	프랑스

동유럽

남	북	설명
*바르샤바	*와르샤와	폴란드
부다페스트	부다뻬슈뜨	헝가리
사라예보	싸라예보	보스니아 (헤르체고비나)
키예프	끼예브	우크라이나
프라하	쁘라하	체코

아프리카

남	북	설명
*카이로	*까히라	이집트
*트리폴리	*타라불스	리비아

붙임 2. 수와 단위

» 수

숫자

남	북	설명
숫자	수자	

십진수의 외래어 명칭

남	북	설명
제로	령	0
원	하나	1
투	둘	2
스리	셋	3
포	넷	4
파이브	다섯	5
식스	여섯	6
세븐	일곱	7
에잇	여덟	8
나인	아홉	9
텐	열	10

기타

남	북	설명
셈	셈 / 헴	
횟수	회수 / 도수	
*더블	두배	남 어떤 것의 두 배 더블 침대 / 더블 요금 북 *다블 (복식경기)
카운트다운	셈세기	남 시작까지 숫자를 거꾸로 세는 것 십 구 팔 칠 육 오 사 삼 이 일

» 단위

공통 단위

남	북	설명
밀리	미리	m
킬로	키로	k

길이

남	북	설명
센티(미터)	센치(메터)	cm
미터	메터	m

무게

남	북	설명
그램	그람	g

열량

남	북	설명
칼로리	카로리	cal
킬로칼로리	키로카로리	kcal

등급

남	북	설명
최고 / 베스트	최고	
상급		
하급	하급 / 아래급	

수와 단위

부록

붙임 3. 표기와 문법

글자의 이름

초성 낱글자 이름

남	북	설명
*기역	*기윽 / 그	ㄱ
니은	니은 / 느	ㄴ
*디귿	*디읃 / 드	ㄷ
리을	리을 / 르	ㄹ
미음	미음 / 므	ㅁ
비읍	비읍 / 브	ㅂ
*시옷	*시읏 / 스	ㅅ
이응	이응 / *응	ㅇ
지읒	지읒 / 즈	ㅈ
치읓	치읓 / 츠	ㅊ
키읔	키읔 / 크	ㅋ
티읕	티읕 / 트	ㅌ
피읖	피읖 / 프	ㅍ
히읗	히읗 / 흐	ㅎ

초성 겹글자 이름

남	북	설명
쌍기역	된기윽 / 끄	ㄲ
쌍디귿	된디읃 / 뜨	ㄸ
쌍비읍	된비읍 / 쁘	ㅃ
쌍시옷	된시읏 / 쓰	ㅆ
쌍지읒	된지읒 / 쯔	ㅉ

» 글자의 사전 배열

초성 글자의 사전 배열

남	북	설명
ㄱ-*ㄲ-ㄴ	ㄱ-ㄴ	
ㄷ-*ㄸ-ㄹ	ㄷ-ㄹ	남 공 - 꿀 - 누나
ㅂ-*ㅃ-ㅅ	ㅂ-ㅅ	북 공 - 누나 - 꿀
ㅅ-*ㅆ-*ㅇ-ㅈ	ㅅ-ㅈ	
ㅈ-*ㅉ-ㅊ	ㅈ-ㅊ	남 숨 - 쌈 - 엄마 - 조개
ㅎ	ㅎ-*ㄲ-*ㄸ-*ㅃ-*ㅆ-*ㅉ	북 숨 - 조개 - 쌈 - 엄마
-	ㅉ-*ㅏ-ㅑ-ㅓ-ㅕ…	

중성 글자의 사전 배열

남	북	설명
ㅏ-*ㅐ-ㅑ	ㅏ-ㅑ	
ㅑ-*ㅒ-ㅓ	ㅑ-ㅓ	
ㅓ-*ㅔ-ㅕ	ㅓ-ㅕ	
ㅕ-*ㅖ-ㅗ	ㅕ-ㅗ	
ㅗ-*ㅘ-*ㅙ-*ㅚ-ㅛ	ㅗ-ㅛ	남 아이 - 애교 - 야유
ㅜ-*ㅝ-*ㅞ-*ㅟ-ㅠ	ㅜ-ㅠ	북 아이 - 야유 - 애교
ㅡ-*ㅢ-ㅣ	ㅡ-ㅣ	
-	ㅣ-*ㅐ-*ㅒ-*ㅔ-*ㅖ-*ㅚ-* ㅟ-*ㅢ-*ㅘ-*ㅝ-*ㅙ-*ㅞ	

종성 글자의 사전 배열

남	북	설명
ㄱ-*ㄲ-ㄳ	ㄱ-ㄳ	
ㅅ-*ㅆ-ㅇ	ㅅ-ㅇ	
ㅎ	ㅎ-*ㄲ-*ㅆ	

» 표기 차이*

두음 법칙: 한자어 처음에 ㄴ, ㄹ이 올 때, 남측은 ㅇ이나 ㄴ으로 쓰지만, 북측은 ㄴ, ㄹ을 씀.

남	북	설명
ㄴ-	ㄹ-	남 나열 납치 노동 녹음 누명 북 라렬 랍치 로동 록음 루명
ㅇ-	ㄹ-	남 양쪽 여행 역사 연애 열등 북 량쪽 려행 력사 련애 렬등
ㅇ-	ㄴ-	남 여자 연도 염원 영악 유대 북 녀자 년도 념원 녕악 뉴대

사이시옷: 합쳐진 두 말 사이에서 소리가 덧날 때, 남측은 사이시옷을 쓰지만, 북측은 안 씀.

남	북	설명
-ㅅ-	-	남 뒷면 빨랫감 전깃줄 콧물 햇별 북 뒤면 빨래감 전기줄 코물 하별

어/여

남	북	설명
-어	-여	남 깨어나다 드디어 뛰어나다 북 깨여나다 드디여 뛰여나다

* 남북의 표기 차이 가운데 대표적인 것만 간략히 보이고 자세히 설명하지 않았다.

꾼/군

남	북	설명
-꾼	-군	남 나무꾼 일꾼 잔소리꾼 춤꾼 북 나무군 일군 잔소리군 춤군

폐/페

남	북	설명
폐	페	남 노폐물 폐교 폐백 폐암 폐업 화폐 북 로페물 페교 페백 페암 페업 화페

외래어 표기

남	북	설명
로마자	로마(글/문)자 / 라틴(글/문)자	

» 문장 부호

마침표

남	북	설명
마침표 / 온점	(끝)점	.
물음표		?
느낌표	느낌표 / 감탄표	!

쉼표

남	북	설명
쉼표 / 반점	반점	,
*가운뎃점	*이음표	남 · 북 -
쌍점	두점	: 남 땡땡이라고도 함
빗금	빗선	/ 남 슬래시라고도 함

따옴표

남	북	설명
*큰따옴표	*인용표	남 " " (대화, 인용, 출판물) 북 《》 (대화, 인용, 출판물, 고유명)
*작은따옴표	*거듭인용표	남 ' ' (인용 속 인용, 고유명, 강조, 생각) 북 〈〉 (인용 속 인용)
	*인용표	북 《》 (고유명, 대화, 인용, 출판물)
	*밑점 / 밑줄 / *물결줄	북 ...... / ___ / ~~~ (강조)

괄호

남	북	설명
소괄호	쌍괄호	( )
중괄호	-	{ } 남 같은 범주의 요소들을 묶음 아이들이 학교{에, 로, 까지} 갔어요.
대괄호	꺾쇠괄호	[ ]

낫표 / 화살괄호

남	북	설명
*겹낫표 / 겹화살괄호	*인용표	남 『』 / 《》 (출판물) 북 《》 (출판물, 고유명, 대화, 인용, 강조)
*홑낫표 / *홑화살괄호		남 「」 / 〈〉 (고유명) 북 《》 (고유명, 출판물, 대화, 인용, 강조)
		참고 북 거듭인용표 〈〉 (인용 속 인용)

이음표

<table>
<tr><th>남</th><th>북</th><th>설명</th></tr>
<tr><td>줄표</td><td>-</td><td>남 ― (부제, 끼어든 어구)
참고 북 풀이표 ―
(부터―까지, 같은 의미 어구 사이)</td></tr>
<tr><td>붙임표</td><td>이음표</td><td>-
남 대시라고도 함</td></tr>
<tr><td>물결표 / *붙임표</td><td>물결표 / *줄표</td><td>남 ~ (부터~까지)
- (부터-까지, 둘 이상의 어구를 묶음)
북 ~ (부터~까지, 일부를 줄일 때)
― (부터―까지, 같은 의미 어구 사이)</td></tr>
</table>

드러냄표와 안드러냄표

<table>
<tr><th>남</th><th>북</th><th>설명</th></tr>
<tr><td>*드러냄표 / 밑줄 /
*작은따옴표</td><td>*밑점 / 밑줄 / *물결줄</td><td>남 ˙˙ / ___ / ' '
북 ...... / ___ / ~~~</td></tr>
<tr><td colspan="2">*숨김표</td><td>남 ○ × (금기어, 비속어, 비밀)
북 ○ × □ (글자로 나타낼 필요 없을 때)</td></tr>
<tr><td>*동그라미표</td><td>*동그라미숨김표</td><td>○
남 (금기어, 비속어, 비밀)
북 (글자로 나타낼 필요 없을 때)</td></tr>
<tr><td>*가새표 / *가위표</td><td>*가위숨김표</td><td>×
남 (금기어, 비속어, 비밀)
북 (글자로 나타낼 필요 없을 때)</td></tr>
<tr><td>*빠짐표</td><td>*네모숨김표</td><td>□
남 (글자 불분명, 글자가 있어야 할 자리)
북 (글자로 나타낼 필요 없을 때)</td></tr>
<tr><td colspan="2">*줄임표</td><td>남 …… (원칙) … / ...... / ... (허용)
북 ……… (단락) …… (문장) … (단어)</td></tr>
</table>

» 언어

말과 사전

남	북	설명
(한)국어 / 한국말	조선말 / 조선어 / 국어	
한글	조선글(자)	
(한)국어사전	조선말 사전	

표준어와 방언

남	북	설명
표준어 / 표준말	문화어 / 표준말 / 표준어	남 서울말 중심 북 평양말 중심
방언 / 사투리	사투리 / 방언 / 지방말	

손으로 하는 말

남	북	설명
수화 / 수어	수화 / 손짓말 / 손짓(언)어	
제스처	손짓(말/언어) / 제스츄어	

» 문법 용어

음성과 음성학

남	북	설명
음성학	어음론 / 음성학 / 어음학	남 물리적
음운론		남 추상적
음성 / 말소리	말소리 / 음성 / 어음	

모음

남	북	설명
단모음	홑모음 / 단모음	
이중 모음	(두)겹모음 / 이중모음	

운율적 요소

남	북	설명
악센트	강약 / 력점 / 악센트 / 세기마루	
성조	성조 / 소리가락	

품사

남	북	설명
조사	체언토 / 대상토	북 품사 아님
감탄사	감탄사 / 감동사	

조사의 종류

남	북	설명
격조사	격토	
보조사	도움토	

어간과 어미

남	북	설명
어간	어간 / 말줄기	
어미	용언토 / 서술토	

어근과 접사

남	북	설명
어근	어근 / 말뿌리	
접사	(덧)붙이 / 접사	

접두사와 접미사

남	북	설명
접두사	앞붙이 / 접두사	
접미사	뒤붙이 / 접미사	

조어

남	북	설명
조어	단어조성 / 단어만들기 / 조어	
본(딧)말	-	남 줄어들지 않은 말
준말 / 약어	준말 / 략어	

문장 성분

남	북	설명
주어		
목적어	직접보어	
*서술어	술어	북 *서술어 (문장을 완결시키지 않고 서술적 기능만 하는 것) 날이 저물도록 걷다 저물도록 (서술어) 걷다 (술어)

문장의 종류

남	북	설명
평서문	알림문 / 서술문 / 직설문	
의문문	물음문 / 의문문	
명령문		
청유문	추김문 / 권유문	
감탄문	느낌문 / 감탄문	

기타

남	북	설명
통사론 / 문장론 / 구문론	문장론	
어절	말마디	
문형	문틀 / 문형	

» 어휘

옛말과 고유어

남	북	설명
옛말 / 고어	고어 / 옛(날)말	북 지금은 다른 형태로 쓰는 말
	낡은말	북 현대적이지 않아서 쓰지 않는 말
고유어	고유어 / 고유말	

외래어

남	북	설명
외래어	외래어 / 들어온말	
차용	차용 / 빌려쓰기	

순화어

남	북	설명
순화어	다듬은말	
언어 순화	말다듬기	

의성 의태어

남	북	설명
의성 의태어	본딴말 / 의성의태어	
의성어	소리본딴말 / 의성어	
의태어	모양본딴말 / 의태어	

어휘 관계

남	북	설명
동음(이의)어	소리같은말 / 동음(이의)어	
동의어	뜻같은말 / 동의어	
유의어	뜻비슷한말 / 류의어	
반의어 / 반대말	(뜻)반대말 / 반의어	

표기와 문법

/ 찾아보기 (남) /

/ 찾아보기 (북) /